生活需要仪式感 2

魏文翼 等 著

山東文藝出版社

图书在版编目（CIP）数据

生活需要仪式感. 2 / 魏文翼等著. — 济南：山东文艺出版社，2019.8
ISBN 978-7-5329-5860-3

Ⅰ. ①生… Ⅱ. ①魏… Ⅲ. ①生活方式—通俗读物
Ⅳ. ①C913.3-49

中国版本图书馆CIP数据核字（2019）第098629号

生活需要仪式感2
魏文翼等 著

主管单位 山东出版传媒股份有限公司
出版发行 山东文艺出版社
社　　址 山东省济南市英雄山路189号
邮　　编 250002
网　　址 www.sdwypress.com

读者服务 0531-82098776（总编室）
0531-82098775（市场营销部）
电子邮箱 sdwy@sdpress.com.cn

印　　刷 天津旭非印刷有限公司
开　　本 880mm × 1230mm　1/32
印　　张 8.5
字　　数 155千字
版　　次 2019年8月第1版
印　　次 2020年9月第2次印刷
书　　号 ISBN 978-7-5329-5860-3
定　　价 42.00元

CONTENTS / 目 录

NO.1 给生活一点仪式感，一切都变得有意义

NO.2 每一次人生历练，都值得被庄重对待

NO.3 如果厌倦了格调，你就厌倦了生活

NO.4 你想念的人和事，都能在仪式里相逢

NO.5 不刻意、不矫情，世间人情只在于用心

NO.6 总有一些日子，你要过得与众不同

NO.1

给生活一点仪式感，
一切都变得有意义

温暖：仪式感让这薄情的世界变得有温度

秦臻

经常听到周围的人说，这个世界有点薄情，人心过于冷漠。为什么会这样呢？其实主要原因还是因为仪式感的缺失。人与人之间，没有了仪式感的维系，不知不觉就会疏远。在瞬息万变的时代，我们都处于急速奔走的状态，一不留神，就错失了那些原本萦绕于身的温暖和美好。因此，对于生命中那些重要的人和事，我们一定要多花一些时间和诚意，表达自己的爱和重视。

仪式感的功效之一，就是能让我们感知到那些未曾留意的温暖，无论何时何境，都觉得心有所定。

不过，有的人会有疑问，一个小小的仪式，真的有那么大魔力吗，我怎么从没有这种体会呢？

要回答这个问题，我们不妨从最为亲近的归属家来说起。

家是什么？一个我们随时可以停靠的港湾。在这里我们可以诉说委屈，可以放纵天性，可以分享幸福。对大多数人来说，无论自己的家是什么样子，即便它破旧贫寒，也一样能带来温暖。而来自家的温暖，往往是通过特定的仪式感来实现的。

何炅主持的家风类节目《儿行千里》，有一期就谈到了关于家的仪式感。

何炅问现场的观众："不知道在座的各位，你们的家里有没有什么难忘的家庭仪式？"

来自浙江台州的宋星翰，离家2226千米，他说："在我的老家台州种着一片橘子树，每到橘子成熟的时候，在外工作的叔叔，还有远嫁的小姑，就会跟我爸妈约好一起回老家摘橘子。其实说是摘橘子，主要是回家看望一下老人，晚上在爷爷奶奶的房间里，一边看电视，一边剥橘子聊天。我们把这一天叫橘子节，虽然并没有什么太稀奇的，但是我们一大家子在一起的时候，就有一种团聚的温馨。"

何炅说："所以你们家的节日是有一种独特的香气的，而且以后不管在哪里吃到橘子就会想到家。"

来自北京的王泽都，离家1800千米，她说："从我记事起，我家就有一个简单的温暖的仪式，那就是每天出门前都要和家里人拥抱一下。有一次我问妈妈：'为什么每天都要进行这个仪式，怪不好意思的。'我妈说：'要珍惜每次和家人拥抱的机会，要让彼此都知道我们非常在乎对方。'我妈还跟我说，有个特定的仪式会让这个时刻和这个人在我们的心里变得更加重要。”

何炅说：“你妈妈说得对，我跟你说，你以后会越来越想念这个拥抱。”

来自河北邯郸的王小宁，离家1207千米，她说：“我们家的特别仪式，是过节一起吃涮羊肉。因为我们全家都觉得坐在一起涮了羊肉，这个节日才算是过了。爸妈经常说，家人围着红彤彤的炉子一坐，什么隔阂、烦恼都烟消云散了。”

何炅说：“对，吃火锅涮羊肉，是一种特别亲近的感觉，所有人都在一个锅里夹东西吃，特别有一家人的味道。”

何炅也分享了自己的关于家庭仪式感的感受：“其实我们家也有小仪式，每次回家再次出门的时候，我妈妈都要送我到电梯口。无论对她还是对我来说，这都是一个仪式。只有牵着妈妈的手走到门口，才觉得这一次的出门，一定会顺利，一定会踏实，所以想到这个仪式，我心里就会觉得特别温暖。”

有独特香气的橘子节的家庭聚会，出门前和家里人的拥抱，和家里人围着炉子涮羊肉，被妈妈牵着手送到门口，正是这些特定的仪式感，让当事人感受到了满心的温暖。

回答文章开头的那个问题，我给出的答案是：并不是我们的生活里缺少仪式感，而是那些充满仪式感的行为，我们觉得稀松平常，没去留意罢了。

何止是家庭的仪式感能带给我们温暖，生活和工作中很多细小的事情，只要赋予它仪式感，我们都会备感温暖。

记得男友刚追我的时候，他就经常营造一些很有仪式感的氛围打动我。

那时我们在同一家公司上班，有一天，老板让我写一份产品报告，我绞尽脑汁也想不到好的创意，心里特别烦闷。

忽然，有人轻轻地拍了下我的肩膀，打断了我的思路，于是我烦躁的情绪瞬间爆发了，也没看是谁，就忍不住喊道："干什么？没看到我正在认真工作吗？"

"不好意思，我只是想请你喝杯咖啡，希望你能提提神，顺利完成工作。"

我回头一看，才知道是他，只见他手中端着一杯咖啡，从我的角度看过去，杯口正好呈现出一个奇妙的心形，很是温馨。

"谢谢！"我接过咖啡，顿时觉得心中很暖。我猜，他应该是刻意把这颗心展示给我看的。

一个普通的杯子，转了个角度，杯口就变成了一颗心，这让我觉得很有仪式感。也就是说，用非凡的态度对待生活里那些普通的小事，就能展现出非凡的姿态。赋予一件事温暖的态度，那件事就变得温暖；赋予一件事浪漫的态度，那件事就变得浪漫。

这同时也启发了我的思路，使我很快就完成了那份产品报告。

后来，我接受了男友的感情，他确实善用仪式感来温暖我。比如，我想吃苹果，他就把苹果洗干净，然后用不锈钢汤勺挖出心形的苹果肉给我吃。比如，我爱吃小番茄，他就把十几颗小番茄摆成心形放在盘子里，端给我吃。他的这些爱心，让我时刻感受到温暖，所以我们的感情一直很好。

可见，仪式感并不一定是要特别肃穆、隆重，反而多见于那些小而美好的事情中，随时随刻对我们的内心进行洗礼，让我们感到温暖的同时，学会感恩和珍惜。

我承认，这个世界确实是薄情的，它不会因为你贫穷就让你一夜暴富，它不会因为你平凡就让你一夜成名，你想要的一切，都需要靠自己的努力去实现。但是，我想说，人心绝对不是冷漠的，我们可以用仪式感来维系彼此间的温情，一起拥抱温暖。

007 >> >

浪漫：仪式感才是爱情中最好的礼物

未末小七

你觉得爱情中的仪式感重要吗？

我之前一直觉得只要两个人相敬相爱，有没有仪式感并不重要。橙子却不这么认为，她觉得没有仪式感的爱情就不算爱情，就因为仪式感的问题，她和土豆先生分手了。

这是我一直不能理解的。我和周围的朋友都认为土豆先生老实正派，对感情执着专一，以后和橙子结婚了，他也一定是个顾家的好男人。

就是这样一个被众人看好的男生，橙子偏偏选择了放弃。

有一次，我和橙子一起去沃尔玛超市购物，走着走着，橙子忽然停下来了，呆呆地看着各种口味的哈根达斯，说：“你知道吗，土豆先生从来没给我买过哈根达斯。”

“这能说明什么吗？”我疑惑不解。

“你没听过一句广告语吗，爱她就带她吃一次哈根达斯吧。”

“他不带你吃，你自己不会买吗？”

“你不懂，那种感觉是不一样的。”

“可是，你也不能因为这么一件小事就和土豆先生分手呀！”

“当然不止这一件事了！情人节时，他在外地工作，我对他说工作忙就别来了，结果他就真的没来，甚至连一份节日礼物都没送我。后来我们见面时，他送给我一张银行卡，说让我自己买点喜欢的东西。他把我当什么了，给点钱就打发了吗？你知道吗，更让我无法忍受的是，自从和他交往以来，他从来就没像别的男生那样送过我玫瑰花。”

“他不是给你钱让你自己去买喜欢的东西了吗？”

“是的，我要真在乎钱，大可以找一个比他有钱的男生，而且我自己也不差那点钱。我想要的是他对我用心，而不是用钱，这样会让我觉得自己被敷衍。”

“可是我男朋友也没送过我花呀，我觉得没什么。”

“不是吧，你男朋友竟然也没送过你花，太不可思议了。”

“谈恋爱一定要送花吗？”

“当然了，送花代表浪漫，更是爱意的表达，每个女孩子都希望收到喜欢的人送的花。如果你们恋爱结婚，携手走了大半辈子，回首往事的时候，你发现你们的生活除了柴米油盐，连一束玫瑰花都没有，不是很无趣吗？”

我想了想，很认真地点了点头。

其实土豆先生真的很爱橙子，只是他觉得爱应该体现在日常生活中，比如说他努力挣钱，然后把钱统统交给橙子。他觉得仪式感这种东西太流于形式，平平淡淡才是真。

而橙子却觉得爱情中必须有一些仪式感，这样才能让两个人在平淡的生活中找到激情与乐趣。她不在乎土豆先生挣了多少钱，只希望他可以为她花点心思。她不要求每天都过得像情人节一样，但至少在某些特定的节日要有一些小小的浪漫。

橙子说："恋爱时就这么平淡，以后结婚了岂不是更像一潭死水？我想用力地去爱，想和爱的人一起做很多很多浪漫的事，我想给以后的自己更多美好的回忆，可是这些土豆先生他永远不会懂。"

可能女生就是这样吧，对那些仪式感的东西总是格外重视，以至于在男生眼里，觉得这很矫情。

可是，爱情有时候矫情一点又有什么不好呢？

过生日的时候，哪怕没有豪华的法式西餐，但有他亲手为你做的饭，还有一个小小的生日蛋糕，也会让你觉得是被爱着的。

情人节的时候，未必一定要有九十九朵玫瑰，一朵就好，一心一意，也可以代表他对你的真心。

求婚时，哪怕没有很大颗的钻戒，但有他单膝跪地含情脉脉地说"嫁给我吧"，也会让你喜极而泣。

结婚时，哪怕没有盛大豪华的排场，但一个简简单单的婚礼，在亲友的见证下正式结为人生伴侣，这个幸福的时刻已足以让你感动到流泪。

如果没有这些仪式感，生活中的每一天对我们来说就毫无分别，只是在机械地重复而已。多年以后回忆恋爱时光，没有任何甜蜜的记忆，也没有任何惊喜，那该多么可悲。

生活已经够平淡了，在某些特定的日子里，再不来点仪式感，你们的爱情婚姻得多无趣呀！

而有些场合缺了仪式感，人生从此就多了一个遗憾。

柠檬领结婚证都好几年了，却一直没办婚礼。

以前想着先领证，等以后有时间了再回老家补办婚礼，可是柠檬和老公工作都很忙，这件事就一拖再拖。后来柠檬有了宝宝，就和老公商量要不要补办个婚礼，老公说孩子都快出生了，再折腾着办婚礼不是没事找事吗？

柠檬想想觉得也对，补办婚礼要忙里忙外太麻烦了，于是就不再提了。虽然没有办过婚礼，但只要两个人婚姻幸福，也就够了。

有一天，柠檬去参加一个同学的婚礼。

婚礼现场虽然排场不大，但小而美。新娘穿着洁白的婚纱，在音乐声中缓缓走向新郎，然后彼此在亲朋好友的见证下，互相坚定真诚地说“我愿意”。他们以后的婚姻会怎样，没有人知道，但至少那一刻，他们是真正幸福的，并且被所有的人祝福着。

柠檬看着看着，眼睛不知不觉就湿润了。

原来她的内心还是像个小女生一样，渴望着有一场属于自己的婚礼，遗憾的是这个愿望一直未能实现。

很多时候我们都觉得仪式感不重要，可是有时候，有些事情，缺少了仪式感难免不够完美。

那份缺失的仪式感让我们面对幸福时，少了一份期待与欣喜，让我们的人生始终留有一个缺口。

《小王子》里狐狸对小王子说：“你每天最好在相同的时间来，比如说你定在下午四点来，那么到了三点我就会很高兴。时间越是接近，我就越高兴。等到四点，我会很焦躁，坐立不安；我已经发现了幸福的代价。但如果你每天在不同的时间来，我就不知道该在什么时候开始期待你的到来……我们需要仪式感。”

“仪式感是什么？”小王子说。

“这也是经常被遗忘的事情，”狐狸说，“它使得某个日子区别于其他日子，某个时刻不同于其他时刻。”

生日、情人节、结婚纪念日等，这些特定的日子我们之所以记忆深刻，不正是因为它们对我们有不同的意义吗？

虽然仪式感不是获取幸福的终极手段，但满怀期待地迎接那些仪式的时候，人真的会更快乐一些。

爱总是需要表现出来，而这些仪式感就是爱的表现形式，是你在这段感情中所投入的时间、心思与爱意。

仪式感就像一颗定心丸，让人们感到在这段感情中自己是被爱着的；仪式感也像是一剂兴奋剂，让彼此在平淡而繁忙的生活中始终对爱情保持激情与乐趣。

生活已经很不容易了，所以在某些特殊日子就别再对仪式感如此吝啬了。

013 >> >

热情：没有炽烈的热情，生活就不值得过

青柠

我曾在娱乐节目《欢乐喜剧人》里看到过这样一个场景：一位在偏僻山村执教二十多年的老师，他的班里只有三个学生，但他每天上课都要点名。有人问，一共三个学生，看一眼就知道谁来谁没来，点名有什么意义？他说，这是一种仪式感。

对于仪式感，每个人的理解也许不一样，但通过这个点名的场景我体会到，仪式感就是对生活充满热情。试想，那位教师能够在山村坚守二十多年，不正是凭借着心中的一股热情吗？

没有热情的人，就像一潭死水，没有一点儿活力，无法让人感受到温度，更无法打动别人。生活的热情，是永远对未来充满期待和憧憬，不论现实多么严酷，始终相信美好的事物会降临。有了对生活的热情，才有信心去做想做的事情。更重要的是，有了热情，人生就会呈现出一种积极的状态，让人充满信心地应对突如其来的打击。

有个女朋友离婚了，还带着一个孩子。

离婚是发生在人生中的大事，很容易被人议论纷纷，难逃父母的哀叹，引发旁人或悲悯或同情的眼光。

当然相对于别人唉声叹气的同情，她自己倒没什么，请了一周假，处理好各种离婚事宜之后，仍然像往常一样热情地生活着——健身、学舞蹈、学插花，离婚似乎并没有在她身上留下什么阴影。

后来，她在健身房认识了一个条件很不错的男人，未婚，有车有房，年轻有为，长相也不错。没过多久，这个男人开始追求她。

每当看见这个男人开着车接送她上下班，大家都抱着一种看笑话的心态，因为所有的人都认为，离婚的“二手女”能有什么优势？“优质男”大概只是和她玩玩。

岂料这个男人并不是玩玩，在猛烈地追求了她几个月之后，真的与她携手走进了婚姻的殿堂。

这一下让很多人心里泛酸，大家想不通为什么这样一个离过婚的女人还能找到一个条件这么好的男人，跨入这么美好的婚姻中。

我无意间在朋友圈里看到她的照片，照片中的她带着一种温柔的笑意，眼眸中闪动着天真和热情，像一块柔软的糖，带着一种甜蜜又热切的感染力。我想，没有人能拒绝这种热情、天真的生命能量。

我曾在路上看见过一个不算漂亮的女人，她行走在街头，对行人报以善意的微笑，她认真观察着这个世界，带着天真与热情。在她的身上，涌动着一种如同阳光般的温暖。

我想，内心深处的热情与相信爱、渴望爱的力量，一定可以感动他人。就如同那个再婚的朋友，仍然保持着旺盛的生命力，对生活充满了希望，用热情的眼光去寻找这个世界的美感，同时感染着身边的每个人。

婚姻和爱情，就是一个相互感动的过程。每个人的生活，都是靠自己培育的苗圃，当我们不停地加固内心的生命力时，它就会蓬勃生长，当我们失去热情与力量的灌溉时，生活也只能选择萎靡。

有很多二十五六岁的姑娘，从未谈过恋爱，直到适婚年龄，因为无奈而听从家长的安排去相亲，然后结婚生子，复制着大多数人的人生。

这种老实孩子很可怜，情窦初开的时候父母就要求她们活得像灭绝师太一样，不能有七情六欲，整天只知道学习，到了适婚年龄，父母又要求她们马上启动恋爱程序，恨不得立马抓来一个异性配对成功，完成人生大事。

这些人没有太多自己的思想，走在一条被他人安排好的路上，只需要麻木地走下去。

她们最大的问题是没有情趣，过于严肃和刻板，浑身散发出拒人于千里之外的气息。

生活需要物质财富，也需要情趣滋润。一个人长久地处于麻木中，整个就会变得粗糙和愤怒，不仅仅是因为没人爱，更因为自己无法给他人以爱，最终失去了本真的快乐和应有的情感体验。

热情的人大部分都不会日复一日按部就班，他们喜欢生活中的变化。对于热爱生活的人，他们会热爱生活的一切，他们并不害怕打乱生活固有的秩序。在建立关系的时候，在与他人相处的过程中，能自我快乐并能让对方也快乐，这是非常重要的事。

在生活的考验下依然保持热情和天真，需要头脑和体力的双重配合，这体现了一个人的综合素质。在物欲横流的社会中，要有和热情匹配的经济能力和智慧才能保持自己心灵的明亮，这需要慈悲与智慧。

其实，不论是爱情还是生活，那些能感动别人的人永远是活力四射的。他们时时刻刻都在展现着自己爱的期待和意愿，透过生命的热情，他们同时也将自己浪漫的情致传递给别人。

能用整个生命的热情对待生活的人，他们也很容易得到生活的回馈。

精致：活得精致，就是女人需要的仪式感

王鹏

生活需要仪式感，那对于女性而言，仪式感主要体现在什么地方呢？我觉得主要是活得精致。具体怎么样才算是活得精致呢？天天拎着高级包，用着高档化妆品……就算是精致吗？未必，正如日本时尚艺术大师加藤惠美子所说“何种际遇都颠扑不破的精致，应该是外在和内在的琴瑟和鸣，而不是单单用金钱砸来的”。

朋友乐美是一位杂志女主编，她对我说，关于女人如何变得精致，她有切身体会。

她曾在法国留学，毕业那年，她四处奔波找工作，忙碌好久，却迟迟没能如愿。那样的日子再继续下去，除了回国，别无他法。她不知道问题出在哪儿，直到那位女面试官用遗憾的语气告诉她，她的形象与简历不相符。她发誓，可以用能力让她收回对自己的鄙视。可惜，对方没有给她展示能力的机会。

她的房东爱玛是个苛刻而讲究的女人，她在家里给乐美列出

了多项要求——不允许十二点之后还亮着灯；不允许洗澡时间超过十分钟；不允许穿戴不整齐就进入客厅；不允许用整洁的厨房做中餐；不允许家里有客人造访时不擦口红。

乐美坦言，她当时真的很讨厌爱玛，可奇怪的是，周围的人却都说爱玛是一位不错的房东。

那次，乐美刚洗过头发，坐在床上一边看招聘消息，一边吃面包。爱玛见到后，径直地走了过来，夺下乐美手里的报纸和面包，指责她没素质，要她离开。一气之下，乐美披散着头发，穿着睡衣，披上外套走了出去。

这些年来，从来没有谁说过乐美没素质，她傲人的成绩和出色的能力，让她一路走得很平坦。她的家境不错，但母亲从不娇惯她，一直提醒她，能力最重要。她想不通，为什么这里的人那么喜欢“以貌取人”！

天气寒冷，她也很饿，出门后她就去了一家咖啡馆。咖啡馆里人很多，服务生将乐美引到一个空位上，用一种奇怪的眼神看着她。空位的对面坐着一位法国女士，她看起来尊贵精致，穿着十分讲究。乐美有点不好意思，她穿着睡衣、运动鞋，在对方的套装、丝袜、高跟鞋的映衬下，她像是一个卑微的小丑。乐美突然觉得，若不是因为自己披了一件价值不菲的外衣，这家高级咖啡馆恐怕会将自己拒之门外。

乐美点了一杯咖啡。侍者离开后，那位法国女士什么也没说，只是拿出一张便笺，写了一行字给乐美——洗手间在你的右后方。乐美抬头看她，她却依然优雅地喝着咖啡，好像全然没这回事。乐美尴尬至极，想起房东爱玛方才对自己的指责，忽然觉得爱玛没什么错。

揽镜自照，看着自己一身皱皱巴巴的睡衣，被风吹乱的头发，嘴边沾着的面包屑，乐美生平第一次看不起自己。她觉得，这身装扮根本就是暗示着她不尊重自己，也不尊重他人。想起下午面试时穿的休闲便装，她觉得那更是对一家知名企业以及那位HR经理的不尊重。

稍做整理之后，乐美又回到了刚才的座位上，那位法国女士已经离开。她给乐美留了一张字条，上面赫然一行漂亮的手写法语：身为女人，你要精致地活着，这是女人的尊严。

乐美迅速离开了那家咖啡馆，到家后，才发现爱玛一直在客厅里等她。一见到乐美，爱玛就说她回来晚了，作为补偿明天要乐美帮她打扫房间。乐美向爱玛道歉，同意了她的要求。不过，此时的乐美对爱玛的印象已经有了改观，她发现爱玛的多项要求给自己带来了很多益处。比如，早点休息可以让她拥有更好的精神状态；穿着优雅可以让她更自信，并赢得他人的尊重。

后来，乐美如愿应聘到一家时尚杂志做助理，她得体的装扮和良好的精神状态，为她赢得了对方的肯定。那位精干的女上司对她说："你非常优秀，我们欢迎你。"乐美惊奇地发现，她的上司竟然就是上次她在咖啡馆里遇到的那位女士，她是业界非常有名的杂志主编，不过她没有认出乐美。

乐美对她说了一声谢谢。那一句，不是客套的回应，而是发自内心的感激。她谢谢这位优雅的女士让她学会了宝贵的一课：身为女人，你要精致地活着。

乐美的经历告诉我，精致，不只是得体的妆容，不只是约会时的刻意装扮，它应该是一种对生活的姿态，一种对自己负责任的坚持。

精致，如同无形的精灵，紧紧地抓住人的感官，悄悄潜入人的心灵，给人留下难以磨灭的印象。精致，不只体现在穿着打扮上，它还关乎每一个微小之处。细节最能反映一个人的本质，优雅的女性常常不是在学识、容貌上有多大的优势，她们会在细微之处显出自己的与众不同。

电影《阮玲玉》中，一个女子，高挑的身材，穿着单薄的旗袍，走在幽静的小巷，轻盈的步态凸显着她美好的身段。看过这个镜头的人，无不为其倾倒。为了这优雅的步态，张曼玉曾经在多面镜子前苦练走路，最终换得出神入化之效。精致的女人就是这样，连走路的姿态也不会疏忽，每一步都带着一分优雅，一分从容，一分贵气。

小说《玫瑰门》中，女主人公司猗纹在被人抄家的时候，依然保持着优雅的姿态。女作家铁凝在描述这一情节时这样写道：“院里突然响起一片杂沓的脚步声，红的绿的影子在窗外走马灯似的晃动。司猗纹连忙放下手中的半块点心，飞速地用毛巾擤擤嘴擦擦牙就推开了屋门。”精致的女人就是如此，任尔狂风骤雨，我自淡定从容。

精致，是一门学问，是随着年华老去，依然刻骨的格调，让人怎么看都不会厌倦，怎么听都不会腻烦，怎么想都依然清新。

精致地活着，是不浓妆艳抹，也不素面朝天，追求简约而不简单的大气。精致地活着，是做人群中的焦点，却不哗众取宠；是风情万种，却没有矫揉造作。精致地活着，是把自尊自爱当成高贵的资本，而不是依靠容貌与青春去保值。精致地活着，是有奢华的风骨，却不沦为金钱的傀儡。精致地活着，是内心充满自信自爱，赏心于己，悦目于人，把一杯红酒喝出情调，把一件衣服穿出品位，把自爱当成被爱的基础。

做女人，就要精致地活着！为别人，更为自己。

尊重：即便处境卑微，也可以获得尊重

秦臻

闺蜜薇薇在朋友圈发了一条状态：拥有仪式感，即便你处境卑微，也可以获得尊重。配图是一个外国小男孩眉开眼笑地吃着牛排的照片，位置定位是英国伦敦某星级酒店。

看到这条状态后，我心想：这疯丫头，怪不得好久没跟我联系，原来是出国游了啊。就是不知道这丫头又搞什么玄机，居然弄得这么有仪式感。

随意看了几眼这条状态下的评论，却给了我一种画风突转的感觉。那些留言评论的人也都是我和薇薇的朋友，但他们言语间无不透露着一股讥讽的味道。

比如："不就是去了个高级酒店吗，值得这么拐弯抹角发出来炫耀吗？"比如："我是吃不起这样高档的牛排呀，酒店更住不起。"比如："唉，看了你这高大上的仪式感，我觉得自己很卑微。"

还有一些言辞更犀利的评论，让我这个旁观者都难以接受。

我认为，薇薇这条状态只不过是她的旅游日常，是一种真实的记录，根本不存在什么故意炫耀。

几天后，薇薇回国了，找到我单聚。我们聊着聊着，就聊到了她那条朋友圈的事。

薇薇说："你知道吗？其实配图里那个小男孩吃的牛排在那家酒店里是最低档的。"

我不禁暗吃一惊：这还是我认识的那个低调有涵养的薇薇吗？难道她真的要跟我炫耀自己吃了多么高档的西餐？

薇薇眼珠一转，似乎在回味当时的情景，缓缓地说："那家酒店的牛排真的很贵，但我觉得，不体验一次，又对不起这次旅游。我找了个位子，拿起菜单后，就开始盘算点哪种牛排。这时，我听到不远处有人问：'这二位客人，你们确定只点一份牛排吗，恐怕不够吃吧？'我顺着声音看过去，只见靠角落的位子上坐着一对衣着朴素的夫妇和一个有点瘦弱的小男孩，侍者正在为他们服务。我看得出，这对父母是带着孩子来享用大餐的，但因为家境不富裕，只好点一份牛排。孩子的父亲腼腆地笑了笑，说：'就点一份，我和妻子已经吃过饭了，牛排是点给孩子的。'侍者听到这样的答复，虽然有点惊讶，但还是礼貌而客气地说：'好的，请稍等，牛排一会就送上来，感谢你们用餐。'随后，我点了一份中档牛排，因为高档的我真心吃不起，但又不想吃低档的。"

我不禁对薇薇的这段经历好奇起来，忙问："你拍那个小孩子吃牛排的照片，用意是什么呢？"

薇薇接着说："别急，听我慢慢说。我和那一家人点餐后，没多久牛排就送上桌了。我发现，我这份牛排的配菜和分量明显比小男孩的要多，于是我猜出，小男孩吃的牛排，比我的要低一档。接下来，我和小男孩就各自开吃了。对于我这个中国人来说，平时也没学过西餐礼仪，只能用刀叉在牛排上乱割乱切了。但是那个小男孩的吃相，实在比我好太多。他的父母耐心地教导他正确的用餐礼仪，包括刀叉的取用顺序，牛排和配菜的食用方法。小男孩很聪明，一学就会，然后眉开眼笑地吃了起来。那一幕真的很美好，得到了他们的同意后我抓住时机，拍下了照片。"

听了薇薇的讲述，我也被小男孩一家人感动了。是啊，虽然他们并不富裕，与别人相比甚至有些卑微，但他们通过用餐礼仪这种仪式感，表达了内心对美好的向往。

我说："这确实是一幕很有仪式感的情景。"

薇薇说："嗯，没错，仪式感是一种能让我们获得尊重的方式。我拍了照片后，马上点了两杯咖啡给那对父母送过去了。他们吃惊地看着我，表示不想接受这样的馈赠。我说，我想请他们的孩子教我学习西餐礼仪，所以才请他们喝咖啡。还没等他们答应，小男孩就开心地说愿意教我。于是，我把牛排端过来和他们并成一桌。接着，小男孩认认真真地把他刚学会的用餐礼仪教给了我。随后，我征询他们能不能把小男孩吃牛排的照片发布在我的朋友圈，他们也高兴地答应了。”

我说：“你学会西餐礼仪可比你吃顿牛排受用多了吧？”

薇薇说：“那当然啦！用餐完毕，那位父亲悄悄地把我拉到一旁，对我表示感谢，他说‘其实我们家庭条件很差，根本吃不起这种高级酒店的牛排，但我们相信孩子将来必定要进入社会，所以及早教会他正确的用餐礼仪，以免在类似的场合尴尬。更重要的是，孩子通过这种仪式感，能体会到备受尊重服务的那种感觉，他将来就会成为一个懂得自重，也能尊重他人的人。’”

我说：“这真是可敬的一家人。看来我也要让自己成为一个有仪式感的人。”

薇薇扑哧一声笑了，说：“别这么刻意，我觉得呢，仪式感的意义就在于，它能唤醒我们对内心的尊重，从而去尊重生活。只要你尊重自己，自然会有仪式感。”

薇薇说得对，仪式感不是刻意为之，而是源于内心的自我尊重。很多时候，我们缺少了仪式感，也就缺少了尊重。

我自己就有过一段不被尊重的经历。

那是我找到第一份工作的时候，刚刚就职三个月，就迎来了元旦。

元旦前一天，公司准备办一场联欢会，经理通知了除我之外的所有人。看到大家积极热情地准备着联欢活动，唯独我无所事事，我心里很不是滋味。于是，我私下里问经理为什么不让我参加。

经理有点过意不去地说："这次联欢会有点特别，各项环节花销比较多，公司出一部分钱，每位员工还要各出200元赞助。你是新来的，刚过试用期，薪资不高，200元对你来说不算小数字，所以我就没通知你。"

确实，对当时一穷二白的我来说，200元确实不算少，但是集体联欢这么有仪式感的活动不让我参加，明明就是对我的不尊重。与此相比，200元算什么。

我对经理说："我愿意掏200元参加这次联欢会。我刚过试用期，已经正式成为公司的一员，通过大家集体联欢这种有仪式感的活动，能提升我对公司的归属感，还能增加我和同事们的亲切感。如果我错过了这次联欢会，您觉得我还能在公司待下去吗？"

经理被我的话打动了，他向我致歉："对不起，是我考虑欠周。你说得对，这种具备仪式感的活动，是每位员工都必须参加的。这是对公司全员的尊重，更是一种激励和荣誉。"

于是，我和大家一起参加了这次联欢活动，还表演了一个歌唱节目，获得了大家的认可和赞扬。

很多人在生活中感知不到仪式感，其实任何有尊严的人，都会发自心底地透露出仪式感。这是因为，仪式感不取决于身份地位、贫穷富贵，它是一种内在的修养，让你拥有自重、自尊的力量。即便处境卑微，只要你拥有仪式感，时刻以庄重的态度对待自己，自然能迎来机遇，改变命运。

经常做一些有仪式感的事情，你会越来越自信、从容、豁达，周围的人也会越来越尊重、认可、信任你，因而你在事业、爱情、生活中都会更加顺遂。

世界上没有卑微的人，只有卑微的心，让自己拥有仪式感，树立起内心的自尊，任何人都可以活得高贵，活得精彩。

分享：为什么朋友圈越来越没意思了

魏文翼

最近，与几个朋友聊起微信朋友圈这个话题。有人说，好像现在越来越多的人都转为“潜水党”，不再热衷于发朋友圈了。

仔细想想，还真是那么一回事。点开部分人的朋友圈，最近一次更新时间好多都是一两个月之前，有的甚至长达半年之久，也听到不少人说：“感觉现在的朋友圈越来越没意思了。”

难道大家都不再沉迷于社交网络，通通回归到细碎的生活中去了？

两三年前，朋友圈里的内容可谓缤纷多彩。很多人天天发动态，哪怕是一件平淡无奇的小事，也恨不得发到朋友圈里，好让全世界都知道。打开手机，每时每刻都会有新的动态跳出来，好像怎么也看不腻似的。要是长时间不刷一下朋友圈，仿佛自己就和这个社会脱节了。

外出吃饭，兴致满满地掏出手机对着桌上的菜色一通拍，然后迫不及待地分享出去；

出外旅游，在朋友圈里发一组又一组的九宫格，还不忘在底下秀个定位；

男朋友送给自己一支口红或一个包，也要立马发朋友圈秀恩爱；

心情受挫了，在朋友圈里写一些矫情的文字发泄一通。

时至今日，大家对朋友圈里的各种内容早已审美疲劳。如今要是生活中没遇到一些特别重大的事件，还真不好意思随便发朋友圈了。

其实大家都活跃在线下，日子和从前并没有什么不同，只是都不约而同地选择了不再展示自己的生活。虽然更新朋友圈的次数少了，但每天依然会抽出大把大把的时间来刷一下别人发的动态内容。

朋友圈本来是了解朋友们生活近况的一种途径，而今大家都因为各种各样的原因，变成了“潜水党”，疏远了彼此之间的距离。

铃铛坦言，自己不爱发朋友圈，是因为朋友们已经很少给自己留言点赞了，所以也就没有了分享的欲望。

铃铛记得微信刚兴起的时候，她十分热衷于发朋友圈。每次她更新朋友圈，都觉得仿佛是受到了“全世界”的瞩目，往往动态上一秒刚发出去，下一秒就会冒出一大堆的点赞和留言。这个时候，铃铛往往会感觉良好，那种骄傲和满足感别提有多过瘾了。

如今，铃铛在朋友圈里发表的内容没了反响，怎么看都像是在自说自话。

经历了无数次从满心期待到失望的落差之后，铃铛也淡出了朋友圈。

对于这点，我也是深有体会。如今翻看朋友圈，除非是特别要好的朋友发了动态，或是看到了一些感同身受的内容，我才会有所互动。除此之外的大多数时候，我刷朋友圈也只是粗略地一目十行滑过，哪怕是别人花费了好大的心思才编辑好的一条图文动态，我也不会对此过于上心。

莉莉曾经是朋友圈里的活跃分子，一天能发十多条动态。她对生活充满了无限热情，有一段时间，她几乎每天早上都会准时在朋友圈里秀出各种颇具情调的早餐图片。

莉莉是我认识的仅有的几个把朋友圈经营得很不错的人之一。她朋友圈里的每一张图片，每一段文字，都透露着满满的仪式感。

朋友圈对于莉莉而言就是一本公开的日记本，她每天在上面记录生活的琐碎美好，也善于从平淡的生活中挖掘出一点儿诗意。她经常拉着朋友去探店，她爱自拍，会花上半天时间使用各种美图软件处理图片，让最后分享出去的照片呈现出完美无瑕的效果。

可是身边能真正懂自己的人太少，很多人总会觉得你凡事都爱瞎摆弄一番，浪费精力，并没有什么实际用处。

莉莉的一个同事曾这么评价她发在朋友圈里那些精致美食的照片："拍得再好看有什么用，吃进肚子里还不是一样！"

其实，莉莉更新朋友圈，只是单纯地出于记录美好生活的本心，却不曾想屡屡遭到身边朋友们的误解，被恶意吐槽成爱显摆。到后来，她连发个动态都要顾虑重重，还总是因为那些不友好的留言一整天都不愉快。所以，她不再那么频繁地发朋友圈了，屏蔽掉那些闲言碎语之后，反而乐得清净。

如果每个人都对那些自己看不惯的动态指指点点，那么总有一天，当我们随手点开朋友圈的时候，只会看到一片荒芜。

听到身边人越来越多地抱怨：感觉朋友圈越来越没有意思了。

相信很多人对此都深有体会。如今的朋友圈，更多的功能是分享一些行业信息，转发鸡汤文字和集赞投票。虽然还有朋友不时地分享自己的生活状态，但频率明显比之前低多了。

其实，越来越没意思的不是朋友圈，而是藏在屏幕后面的我们。生活还在继续，只是我们把那份对待生活的仪式感弄丢了。

如果对方是一个对生活抱有极大期待与希望的人，你一定可以从他（她）用心经营的朋友圈里察觉出些许端倪，因为这份对待朋友圈的热情，就是他（她）对待生活的态度。

尼采在《查拉图斯特拉如是说》中说："我们爱生活，并非由于我们习惯于生活，而是因为我们习惯于爱。在爱里面总有些疯疯癫癫，可是在疯癫之中也总有些理智。在热爱生活的我看来，好像蝴蝶和肥皂泡以及跟它们类似的人最懂得幸福。”

请珍惜身边那些还在孜孜不倦地发朋友圈的人吧！正是因为他们对生活的热情不减，才让我们平淡无奇的朋友圈多了几分鲜活灵动的色彩。

上进：对于生活这件事，再难也别将就

未未小七

年后，我来上海工作，朋友陪我一起去找房子。

朋友说："你想租什么样的房子？"

我说："要干净整洁的，最好是整租，这样我就不用在做饭、洗澡，甚至上厕所时都要等别人了。"

朋友说："一看就知道，你对上海一点也不了解，你知道市区的房价有多高吗？"

我说："我知道的，可是我真的不想再和别人合租了。首先，我不了解和我一起合租的人，如果都是女生还好，万一是男生，那多不方便啊！其次，之前就是因为合租，每天晚上回来后干什么都要排队，这太浪费时间了。最后，在外面打拼已经很辛苦了，女孩子更要对自己好一点，这样才能激发自己努力赚钱的动力。"

总之一句话，房子可以是租的，但生活再难也不能将就。

朋友和我意见相左，她觉得反正房子是租的，能省则省，当然越便宜越好。可是，这样省的结果是她隔一段时间就要搬家。她的工作随房子动，而不是根据工作地点找房子。哪个地方房租便宜，她就在那附近找工作，房租一涨，她既换房子又换工作，几年下来，工作一直没有起色。

朋友说："你也来郊区工作吧，虽然工资少点，但房租便宜很多，算下来其实也差不多。"

我摇摇头说："我还是想留在市区，努力多挣点钱，然后让自己的生活品质高一些。"

朋友说："你就作吧，我没有你那野心，我只想做份清闲的工作，安安稳稳地过日子，住得好不好对我来说并不重要。"

朋友的想法自然有她的道理，毕竟挣钱不易，能省点总是好的。可是，这种想法也会滋生一个很大的弊端，就是对生活习惯性地将就。

工作不好，没关系，反正清闲；工资不高，没问题，省点花就行；生活很难，没什么，适应了就好。长此以往，对生活的热情就会越来越少，对自己的要求标准也会不断降低。

这种观念看似无欲无求，实则是不对生活有更高追求，因为觉得自己拥有不了，认为自己就应该将就。

人生并不是所有的事情退一步就可以海阔天空，有时，你一再地降低要求，最后你发现非但没有得到命运的厚爱，反而被命运遗忘在角落里，落满灰尘。其实，人生是一场激流勇进的旅行。只是有些人穷游，有些人富游。也许穷游也可以让你享受美丽的风景，但如果你有能力让自己的旅行更舒适一些，为什么不去努力尝试呢？

你明明能拥有更好的，只是不愿相信自己，习惯了将就而已。

前几天看了《东京女子图鉴》，剧中的绫就是一个不甘平庸、不愿将就的人。

女主绫出生在一个偏远的小县城，大学毕业后只身来到东京打工，在一家普通的杂志社当小白领。

绫和同乡男友直树住在一个小房子里，他们一起牵手逛街，一起做饭，看电视。对生活没有太高要求，就这样简简单单，两个人依然觉得很幸福。

可是，时间久了，某一天绫突然感到焦虑：这种生活真的就是自己想要的吗？自己真的甘心一辈子都过着这种平淡又平凡的生活吗？

绫不由得反问自己："和直树在一起是很安逸，但如果是这种幸福，在秋田到处都是，我为什么要费那么大工夫从秋田来到东京呢？"

直到有一天，绫被自己穿到起毛的内裤刺激到了，这才下定决心离开直树，离开这个让她看不到未来希望的地方。

不久，绫又开始了新的恋情，交往对象从"高富帅"到离婚大叔，再到职场金领，从嫁给一个平凡的男人到离婚后和小鲜肉恋爱，再到最后和男闺蜜生活在一起。

而她的事业也一路过关斩将，从职场小白蜕变成职场精英。

也许，从爱情的角度来看，绫是坎坷的，谈了多次恋爱，却总遇不到对的人。但从职场或者绫自身的渴望来看，她成功了，她得到了自己想要的职位，住上了高档住宅，买得起自己想要的东西。

虽然这一路走来跌跌撞撞，但好在命运并未辜负她的努力。

虽然有过迷茫，但她对自己心里真正想要的东西一直都很清晰。

虽然生活很难，但她从未想过要去将就。她就像是一匹野马，永远在奔跑，努力寻找更肥美新鲜的草地。

很多人都说绫是一个贪婪、不知足、太过物质的女人，难道作为女人就不可以对生活多一点贪心吗？难道没有追求，待在一个小县城里，和一个没有什么目标与追求的男人结婚，从此成为一个围着老公、孩子、厨房转的黄脸婆，就是幸福？

真正的幸福不是随大流，而是努力追求自己想要的东西，努力得到它。对绫来说，得到即幸福。

人与人之间的差距，不是能力，而是思维。很多时候，你需要一点执拗，才有可能被生活温柔以待。

相信什么，追求什么，你才有可能得到什么。

公司开会时，总监说："我知道你们很多人都是外地人，在上海租着房子，所以你们更要努力挣钱，让自己的生活品质尽可能高一些。这样你就会发现，你的整个精神状态都和以前不一样了。"

是啊，穿上一套高档的衣服，你会时刻注意自己的举止，是否昂首挺胸收腹；报了一个很贵的培训班，你会更用心地去学习，恨不得下课了还逮着老师问问题。

这就是经济学上的沉没成本。你付出得多，自然就希望得到更大的回报。你想拥有更好的生活，就会要求自己更加努力。

相反，你总是退而求其次，那么你的人生就可能多年如一日，平平淡淡。

曾经，我也是一个特别爱将就的人，总是能省则省。

可是，这样过了二十多年，自己依然一无所有，还拼命地告诉自己这就是自己想要的现世安稳，岁月静好。

结果证明，当你一无所有的时候，你所谓的安稳不过是一种心理安慰。其实你心里很清楚，你连逛品牌店的勇气都没有，你连养条狗的经济能力都没有，你的安稳体现在哪里？

斌哥想进外企，无奈英语太差。

他问我该怎么办才好。

我说："英语差那就学呗，在线下或者网上报个班，每天坚持学一点，一年左右口语就会有很大进步。"

斌哥说：“报班不是得花钱吗，还是自学好了，可能就是慢一点。”

我说：“你学英语的目的是什么。”

斌哥说：“当然是进外企了。”

我说：“既然目标定了，那为什么不快一点实现？”

斌哥说：“我家经济条件也不好，我不想花钱。”

斌哥说的是实话，我表示理解，但是反过来想，正是因为经济条件不够好，才更应该报个班，在老师的带领下更快地提高自己的外语水平，早点进入外企。

其实，如果你真的是为提升自己的实力投资，那么你花的每一分钱都不会浪费。你花在自己身上的每一分钱，都会在未来得到回报。

在最该奋斗的年纪选择安逸，在最应该有野心的时候选择将就，这本身就是一种对生活的妥协。

大多数人都有一个明显的特点，那就是欺软怕硬，其实生活也是。你只有对它硬一点，它才愿意给你更多；你妥协了，它便会将你踩在脚底。等你习惯了将就，你再想爬起来，就会发现身上负重太多，站起来奔跑还不如趴在地上舒服呢。

而那些从一开始就不愿意将就的人，总是会想方设法得到自己想要的东西，过上自己想过的生活。

很多人一看到别人挣的钱比自己多，总喜欢酸酸地来上一句：

“别看他挣得多，挣得多也花得多。”

想想总觉得好笑，人生一世，难道非要吃苦受累才算是幸福吗？不，那只是自我安慰的话。要想让生活过得更好，自然免不了受苦受累努力进取，而不是停留在揶揄那些有本事享乐的人。

二十几岁，我们穷，这很正常，但穷则思变，而不是越穷越志短，也不是一边好吃懒做，一边又嫉妒别人享受生活。

你对生活的每一次将就，其实都是在降低自己的欲望。欲望在某种程度上说是好事，它可以促使你不断进取。

米兰·昆德拉在《被背叛的遗嘱》中写道：“生活，就是一种沉重的努力，努力使自己在自我之中，努力不至于迷失方向，努力在原位中坚定存在。”

不将就，其实就是对自我的一种坚定。努力向着自己最初的梦想前进，努力做自己想做的事，追自己所爱的人，过上自己想过的生活，才不会辜负此生。

优雅：用一颗文艺的心，过烟火日子

米格格

你最爱买的家居物品是什么？我最爱收藏的，莫过于餐具和杯子。透明的玻璃碗，装沙拉和水果最漂亮；萌萌的布丁瓶，用来放酸奶和谷物片可爱至极；各式马克杯、茶杯、随手杯，像列兵一样站在家里的某个地方，并且队伍还在不断壮大。有时，长辈会唠叨，没事买那些东西干什么？用什么样的杯子喝水不一样？我只是笑，依旧买个不停，乐此不疲。

王小波说过："一个人只拥有此生此世是不够的，他还应该拥有诗意的世界。"日子是平淡的、琐碎的、重复的，没有谁的人生每天都充满新奇，若有，那也不过是懂得自娱自乐，用心去经营和点缀，让平凡的日子发出一些微弱的光芒。就像每天喝水、吃饭，是再平常不过的事，随意敷衍是一天，精心打理也是一天，可二者的感受截然不同。

我是从一个人独立生活时才开始爱上做饭的。起初，我也是什么都不会，但后来发现，一个人生活最要紧的就是吃饭，每天在外面吃快餐，始终找不到家的归属感。而后，我就买了厨房用品，收拾出阳台的一角，把它变成厨房。

那时住的房子挺简陋的，房东给的家具也比较陈旧，为了好看，我就自己去买了桌布以及好看的贴纸，把它们包装一下。不然它们摆在屋子里，就很像回到了二十世纪五六十年代，且风格不一，很不顺眼。

有人觉得，讲究和精致是应该有物质基础的，就好比你得买一套像样的房子，精心装扮才有意义，而在我看来，精致其实是在不起眼的地方，甚至是别人看不到的地方花费一些心思，让自己感到舒适。

精致，体现于细节，而非表面，更不是做给谁看。

开始自己下厨后，几乎每周我都会研究新的食谱，尝试着去做新鲜的菜。说实话，这么做的乐趣，不在于做出来的饭菜有多好吃，因为有些新试的菜的味道真的不太理想，可钻研和制作的过程中，那份发自内心的激动和满足，却是弥足珍贵的体验。

每周研究一道新菜，享受的不只是味蕾，更多的是心情，在平凡无奇、普普通通的日子里，感受到了它的独特和美好。它会让你觉得，日子每天看似一样，却也可以不一样。用最合适的餐具，盛亲手做的饭菜，把它们摆放成漂亮的样子，借助一块亚麻色或深灰色的桌布，就能拍出很有艺术感的照片，挂在照片墙上，胜过昂贵的艺术品。

生活本身就是一种艺术。

你也许不喜欢下厨房，但你势必得有一样爱好，或是养花，或是听音乐，或是写作，这些东西都是可以陶冶情操的。面对花开的瞬间，你会感受到一种绽放的力量；聆听音符跳跃的时候，你会感受到内心的澎湃，涌起一股激情；静心写作的过程，你体会到的是生命的沉淀，以及对过往经历的缅怀与感恩。

多年前，我去过一位女同学的家，看到她家的客厅里摆着一个刺绣的架子，放着一块蓝色的绸布，上面是已经绣了一半的凤凰图。问过才知道，这是她妈妈的杰作。周围的人很少有专门从事刺绣工作的，我初次见到确实兴奋无比，也震撼同学的妈妈竟有如此精巧的手艺。

细看她家家居的布置，也不落俗套，虽然摆设的不是什么昂贵的物件，可给人的感觉却格外温馨、舒适，像置身在一个惬意的小巢里。有趣的是，隔段时间再来她家玩，我发现家具的摆放调换了位置，添置了一些小摆设，多了几株盆栽。

后来，我从别人口中得知，其实同学和她妈妈、妹妹，母女三人相依为命，只靠母亲一人的收入。但是看同学的妈妈，当时是四十岁左右的年纪，笑起来却依然那么美好，脸上不带一点愁苦，平和而温婉。

日子对谁来说都不容易，美好都是经营出来的，你愿意在细微的地方用心，它就会显得不那么枯燥乏味，能维持一股新鲜与美好。

写作是我日常生活的主旋律，你问我枯燥烦闷么？说真的，也会有。多数的日子，我都是一个人憋在房间里，一天下来没有人跟你说话，甚至长年累月都是在同一个房间里，没有什么新鲜的东西。这种生活比不得坐班，有同事说说话，偶尔能看到新人的面孔，有周末可盼。对自由职业者来说，这一切都是奢望。但打破枯燥最好的办法，就是自己去制造快乐。

每天工作之前，像上班族一样给自己化个妆，穿上喜欢的衣服，这真的比蓬头垢面、穿着邋遢的睡衣让人觉得更有自信；一周给自己做不重样的早餐，中西餐都尝试，简单为上，配上不同口味的咖啡，或是尝尝不同的茶，都会找到爱自己的感觉；经常换换电脑桌面的壁纸，把输入法的皮肤换成喜欢的样子，也会给单调的工作带来点小新意。日子每天都是相似的，而这些小小的用心，却能让人感受到不一样的风景。

我们都是尘世里最平凡的人，也许无缘奢华的生活，然而那种生活也只是一时间的痛快，并非常态。

人生绝大多数时光，都是浸泡在琐碎繁杂中，甚至还有一堆的烦心事。我所愿的、所想的，就是用一颗琴棋书画的心，去过柴米油盐的日子。若有懂的人陪伴，自然很好；若无缘相依，也不虚度美丽人生。

美颜：把变美这件事当作一种仪式来练习

阿木

下班的公交车要路过几个广告牌。

五光十色的灯光照射下，是几个年轻明星精致的面孔，他们在广告里灿烂地笑着，身后是他们代言的产品。他们试图令我相信，我真的需要一件这样的产品。

我竟然觉得这些广告并不讨厌，因为代言广告的明星都把变漂亮当成了一件很重要的事情来做。可见，即使是广告，也是可以成为一道风景的。

在知乎网看到一个减肥帖，一个女孩讲述了她运动减肥的历程。

她本人并不是很胖，1.63米的个头，体重120斤，花了半年时间减肥，慢慢瘦到了100斤，当然，瘦并不是最重要的，最大的收获是她的健康和心理状况，在体重变化的过程中都有了很大程度的改善。

其实，胖与瘦，不只是一种体型，也可以说是生活态度的选择。但是那个女孩的一句话却触动了我，她说："人在100斤和120斤的时候，拥有的是两种人生。当你120斤的时候，你会想着，胖与瘦是没有什么关系的，也不在乎吃一些看起来可口但却没有什么营养的垃圾食品。但等你通过运动，通过克服自己的各种欲望，努力瘦到100斤的时候，你的心态和生活方式都会改变，同时，会慢慢养成良好的生活习惯和饮食习惯。"

有个同学有段时间的QQ签名是："减肥是女人一生的追求。"这句话多少有些绝对，我觉得不如改成："让自己拥有更健康的生活，是每个人一生的追求。"

"罗辑思维"的创立者罗振宇在2016年的跨年演讲里说，2017年他要减肥。他说，即使一个人有敏捷的思维，有丰满的才华，也是要管理自己的长相的。

我想，把自己收拾得漂亮些、得体些，终究不会错。

我刚开始健身的时候，觉得很痛苦。眼中看到的一切似乎都在印证自己的想法——我去的健身房始终空荡荡的，稀稀寥寥的几个人，很多还是上了年纪的大爷和大妈。

上网搜索动作示范，网页显示的一般是外国女性，她们举重若轻地做着那些令我痛苦万分的腹部运动。

越痛苦我就越觉得，我的身体真的是太缺乏管理了。我对它实在太坏了，所以它才给我这样的反馈。

一个长期健身的朋友和我说："你要把跑步当成一件郑重的事情来做。当你跑步的时候，你要和你的肌肉交流，调遣内心暗示的力量，把跑步变成一种庄重的仪式。"

在这种思想指导下，慢慢地，我能一口气跑十几分钟，后来又变成三十分钟，再后来变成了一个小时。

一个月后，我的身心舒畅了很多，减肥反而成为运动过程中的次要目的。

公司里有一个女同事，刚刚四十岁，就有了人老珠黄的迹象，而跟她年龄相仿的女同事，大都保养得不错，完全没有衰老的状态。

经过调查，我发现，那些容颜未见衰老的大龄女人，并非完全依赖护肤品和化妆品，而是把变美当成了日常生活中不可缺少的追求。她们在工作之余，经常做一些修身养性的事情，比如绘画、养花、写字、读书。在这些事情的熏陶下，她们的内心都是充满美好的，气质和容颜自然也表现出美的一面。

而那位衰老得比较快的女同事，对待工作缺乏热情，回家后则把时间都用来抱怨老公不够体贴，数落孩子不够懂事，从来没想过让自己变得温柔贤惠。

俗话说相由心生，一个人的心里如果总是装着糟心事，那他的面相恐怕也会愁苦悲切，惹人厌恶；反之，一个人的心中如果充满生趣，那他的一言一行也会典雅大方，受人尊敬。

爱美是人类进步的力量，无论生活多么困苦，都不要泯灭这种追求。当你变得潦倒时，请不要忘记，把变美这件事当作一种仪式来练习。

NO.2

每一次人生历练，

都值得被庄重对待

活法：生命不允许被任何人否定

庄姜姜

“只有长得好看的人，才有青春啊。”

电话那头，那位刚刚哭泣过的学妹自嘲地对我说。

这原本只是一句很普通的俏皮话，并且早已作为一句玩笑在网络上到处流传。

可是在现实中，每当这句话从我认识的人嘴里真真切切地说出来时，他们脸上的表情，从来都不是在笑。

在他们心里，这句话似乎道破了一切不幸福的缘由，仿佛一个逃不掉的预言。

最终，他们只能无奈地、不幸地，由于相貌上的平庸而失去了那本该璀璨的青春。

一个月前，学妹在网上找我哭诉。

她说，自己暗恋了很久的男生前一阵子突然主动接近她，让她兴奋不已。可最终发现，那个男生竟然只是故意做给他的前女友看，好刺激对方并暗示她自己过得很好，身边不缺女孩。

男生的前女友没被气到，被利用的学妹却哭得稀里哗啦。

当她声嘶力竭地说“你怎么可以这样对我”的时候，那男生因为愧疚而久久地说不出话来，最后也只能老老实实地承认“对不起，对你真的没有感觉”。

“一定是因为我不够漂亮。”学妹说。

她的语气是那样坚定，似乎带着不容置疑的味道。

我想起王尔德曾经说过的那句话：“一个人除非很富有，否则再有魅力也没有用。”

究竟从什么时候开始，美丽成了爱情的必需品，金钱又变作了浪漫的通行证？

成长的过程中，不可避免地我们总会遇见一些讨厌的人和事。

而在我看来，最无理的伤害与最恶意的干涉，都莫过于随意定义他人，妄图给别人贴上标签，用自己的眼光与思维评判别人的未来。

这种妄加定义，曾经困扰过太多尚未成长到足够坚强的生命。

无奈的是，在这个世界上，妄图定义别人的人实在太多。

这些定义有时是出于他们认为的爱，比如家长总是武断地对孩子下结论，常常带来的是打击与伤害。

他们的共同点，就是总站在宣判者的角度，冷酷地打量着我们的人格与外表，从而无情地对我们进行残忍的“判决”。

比如：“你这样笨，就不要再做考大学的白日梦了。”“你长这么丑，有人要就已经不错了，哪里有资格挑剔人家对你不够好？”

从小我们所接受的教育，大多如同机械作业的流水线一般，生硬而刻板，不允许太多个性细胞存活。

大约也正是如此，许多认为自己看清了“游戏规则”的人才更加肆意地对别人进行评判。

可是，在这些人盛气凌人的话语背后，难道他们自己真的就完美无缺吗？

我绝不这样认为——至少这样肆意评判别人的行为，就是他们恶毒无礼的表现。

生命是这个世界上最神圣庄严的奇迹，它不允许被任何人否定。

我曾经在报纸上看到一则新闻，一位名气不小的整容医生被几位接受过手术的女性联名告上法庭。

原因并非是他医术有问题，而是他对受术者容貌的侮辱性议论太多。

据一位女生说，当自己为了微调一下鼻翼而躺在手术台上的时候，这位医生明知她只打了局部麻醉完全可以听见声音，还肆意地同一旁的护士揶揄她的长相：

“其实真不知道她光动个鼻子有什么用，其他地方还这么丑啊。你看看她那眼睛、那嘴巴，哎呀……真是的。我要是她我肯定要有自知之明一些，要么对自己容貌放弃，哪里都不动，要么就大动，彻底告别丑八怪。”

躺在手术台上的女生听到这么一席话，又惊愕又屈辱，当场就忍不住流下了眼泪，又被医生责怪还要为她擦眼泪，真是事多。

有人说，现在的医生本来就很牛，患者都得放低姿态，忍气吞声。

可事实根本不是如此。我认识许多医学专业的同学，他们有的还在继续深造，有的已经当了医生。这些同学大多十分随和并且善良，面对患者更是耐心负责，绝不会说出这样无视对方感受的话。

当我同他们提起这件事时，他们也很惊讶，并且站在那个女生的立场上感到十分气愤。

说到底，这种无理的出格的言论根本与医生这个职业无关，而是与这位医生的人格有关。

当那个女生紧张地躺在手术台上的时候，心里满怀的是可以变得更加漂亮的期待。而此刻为她执刀的医生，在心理上也就给人一种“控制者”的压迫感。当他说出那么一席话时，可想而知，对于那个无助的女生是多么残忍的打击。

世界上形形色色不同的人，你可以选择喜欢，也可以选择讨厌。但你永远都没有资格妄图定义别人。因为每个人生活在这个世界上，都有自己的快乐与烦恼，更有自己的现在与未来。这些，不需要其他任何人来评断，也与其他任何人的态度无关。

我们年轻时，总是很容易被人贴上千奇百怪的标签。其中有些只是无伤大雅的小玩笑，有些却会让我们笑不出来。

不够成熟的时候，总是容易受到这些标签的困扰，仿佛自己真的会在别人的评断里失去一些美好。

回过头看，那些曾经因为别人的否定而痛哭失声的时刻，我们却只觉得心疼与后悔。

多少次妄自菲薄怀疑自己，如今想一想，竟都是为了些不相干的人。

假如我们没有办法改变他人的肆意评价，至少我们可以坚实自己内心的堡垒。

在这个世界上，并非只有好看的人才有青春，也不是富有的人才有资格浪漫。

我们拥有这独一无二、无法复制的生命，是为了经历这世界上美妙的一切，而不是为了迎合任何人的趣味。

我们活着，不是为了取悦这个世界，而是为了让自己快乐美好。

庄重：在生命离场之前，彪悍地活下去

米格格

2010年，美国娱乐时间电视网精心打造了一部黑色幽默剧The Big C（中文名《如果还有明天》），由三次获得奥斯卡提名的女演员劳拉·琳妮主演。

片名中的“C”有两层象征意义，一是女主角的名字Catherine，二是可怕的癌症Cancer，故事的主线则是女主角在得知自己患了癌症之后的一系列悲喜故事。

和千千万万的普通女性一样，Catherine在过去的四十年里，就是一个按部就班生活的中学教师兼家庭主妇。然而有一天，她却被告知患上了癌症。这突如其来的消息，实在让她有点崩溃：家里有一个童心未泯的丈夫，一个处在青春叛逆期的儿子，外加一个极端反对消费主义、受过高等教育却过着流浪汉生活的弟弟。这些年，她就像在照顾三个没长大的孩子。如果自己的生命只剩下为数不多的日子，那么，她该如何面对生离死别，剩下的日子要怎么过?

回顾自己这些年的生活，她始终压抑着内心的欲望，努力做一个好妻子、好母亲、好姐姐，偶尔偏执一次，就会被亲人们说成顽固古板。现在，她得了癌症，却不敢开口告诉身边的任何一个人。

有一次，她跟弟弟在海边散步，把事情说了出来，弟弟听了之后立刻像发疯一样，她只好连忙解释说是自己在开玩笑。

她明白，这些亲人向来都是习惯了被照顾的人，而现在的她根本没有那么多精力去一一安抚每个人的情绪。

她唯一能做的就是换一种活法，去做那些一直做想却始终不敢做的事。

她提出跟丈夫分居，然后好好珍惜跟儿子在一起的时光；她不再考虑晚年的生活，把退休账户里的钱全都取了出来，不像以前那样买张沙发还要琢磨许久，小心翼翼地计划着花钱；她去喝昂贵的香槟，为了在“仇敌”面前出一口气而买了一辆豪华的红色跑车；她假扮医生的女友，为了获得遐想的快乐；她尝试了各种稀奇古怪的抗癌方法……

她变得很“大胆”，俨然换了一个人。癌症给Catherine带来了痛苦，也让她有机会尝试另一种生活。

不过，当心里隐藏着不可告人的巨大秘密时，无论是谁，都会感到压抑和痛苦。幸好，上天让Catherine找到了一些释放的出口。

Catherine的邻居Marlene是一个脾气古怪的老太太，而她也是除了医生之外知道Catherine患癌的人。她们之间从敌对到友好，经历了一个戏剧化的过程。她很意外，有一天Marlene竟然脱口而出："你得了什么癌？"

因为Marlene也患了癌症，所以，她了解并懂得Catherine的心情。那一刻，Catherine不那么孤单了，她终于能在他人面前倾吐心声。

她的第二个朋友是病友Lee，同样的病况让他们之间有了一种惺惺相惜的感情。有些无法对家人诉说的感想，在病友面前都可以一吐为快。Lee对生命充满了热情，他患病的时间比Catherine要长，所以，她所经历的生理和心理上的变化，Lee都可以感同身受，并给予引导。

Lee活得很洒脱，Catherine永远不能够跟他一样，她有家人、有朋友，但她在精神上深受Lee的影响。最终，在Lee的鼓励下，她参加了马拉松比赛，去挑战生命的极限——就算最坏的结果是死在马拉松跑道上，也好过死在冰冷的病床上，至少生命有了一次放肆的机会。

抗癌小组的人们对Catherine说，癌症是走向梦想生活的通行证。Catherine尝试过把癌症变成快乐，可她欺骗不了自己的内心，她痛恨它、厌恶它、恐惧它，因为它让她痛苦、冲动、粗鲁。可同时，癌症也带给了她前所未有的勇气，让她能够跟过去无法释怀的种种纠结说一声再见，让她落落大方地看淡一些东西，释放真实的灵魂。

当身患癌症已成为不可更改的事实，Catherine能够做的事也是有限的，她不是上帝，许多东西她无法掌控。即便选择了承受，付出了所有的努力，挨过了一次又一次的折磨，获得了星星点点的希望，死神的魔爪还是伸向了她。

Catherine很害怕，可她知道，自己不能倒下，尤其是为了儿子和丈夫，为了兄弟和朋友。这一切都值得她为之战斗，争取留在世上的时间再多一点。她为儿子准备了未来很多年的礼物，每个礼物上都有一张卡片，就算未来的哪一天她离开人世，她希望儿子仍然能够感受到母亲的存在，以及那一份纯粹伟大的母爱。

虽然最终Catherine还是离开了，但微笑始终挂在她的脸上。在人生的最后一段路程，她已经没什么可遗憾的了。那看似不听话的儿子，其实在背后暗暗努力，给了她一个学业上的惊喜；那童心未泯、充满孩子气的丈夫，在得知她的病情后，开始学会了承担，他有的不多，能做的有限，可已付出了全部。

更重要的是，在生命被宣布要提前离场的时候，她活出了不一样的自己，没有浪费剩下的分分秒秒，为自己爱的人和爱自己的人，用力地尽情地活过了。

没有谁可以预见未来，也没有谁知道自己是否有一天会遭受病痛的折磨。但旁观Catherine的人生经历，我们学会的是一种生活态度：“我要彪悍地活下去。不是因为微风的抚慰，不是因为土地的滋养，不是因为阳光的照耀，而是心底那份对生活的信仰为自己找到了向上的出路。”

态度：你的生活方式决定你的人生

未末小七

和一个在瑞典生活的朋友聊天，她说：“你知道吗，我觉得自己活了三十年，犯下的最大错误就是来瑞典。”

我偶尔会在微信朋友圈看到她抱怨在瑞典的生活过于无聊，可我从未想过对她来说糟糕的程度如此严重。

“瑞典也没有你说的这么差吧，人少车少，平平淡淡，一生最好的状态不就莫过于这样的现世安稳吗？”

“等你来了你就知道了，这边人烟稀少，娱乐活动更是少得可怜，每天的生活都是一成不变，实在太无聊。而且一年中差不多有半年看不到阳光，待在这里感觉整个人都要发霉了，我到现在没得抑郁症已属幸运。”朋友越说越起劲。

“既然不喜欢那里，那你为什么不回来？”我问。

“肯定是要回去的，等我实在受不了这里了，就立刻买张机票回去。”朋友坚定地说。

如果她不打算回来，那么抱怨那边的种种不好，有什么意义呢？瑞典的生活虽然没有国内热闹，但依然有很多华人在那边把自己的小日子过得有声有色。

人生哪有那么多轰轰烈烈，平平淡淡才是真。她觉得那边的生活方式一成不变，可能是因为她对待生活的态度太过单一。

我看到过这样一句话："你以什么样的态度对待生活，它就会以什么样的态度回报你。"

也许瑞典的生活确实有些平淡，但她只要用心经营，依然能发现生活的乐趣。

毕竟我们自己才是生活的主人，是微笑着度过一天，还是失落地度过一天，决定权在我们手中。只要我们努力，即使再平淡无奇的生活，也能过得多姿多彩。

有一句话说："人生的快乐在于自己对生活的态度，快乐是自己的事情，只要愿意，你可以随时调换手中的遥控器，将心灵的视窗调到快乐频道。学会快乐，即使难过，也要微笑着面对。"

我在知乎上关注了一个用户，因为我很喜欢她写的一篇文章《热爱生活是什么样子的》。

她在国外定居，所在的小城人口很少，没有什么娱乐场所，没有什么著名的景点，甚至连一个亚洲人开的超市都没有。

也许在很多人看来，那是一种单调寂寞的生活。可是在她的世界里，我却看到了另一种截然不同的生活态度。

在她的眼睛里，生活处处充满新奇与乐趣。她觉得这里一年四季都有美丽的风景，春天可以看万物复苏，夏天可以看草木繁盛，秋天可以感受秋高气爽，冬天可以体验银装素裹。甚至每一天的风景，只要细心观察，都会发现它们的不同。

她学做手工，学做烘焙，用简单的食材做出各种色香味俱全的美食，调制各种口味的饮料。

没事的时候，她就去健身，或者学化各种风格的妆容，或者听着音乐晒半天太阳。她变着花样将别人眼中一成不变的生活过得丰富多彩。

很多人留言说，非常羡慕她可以把生活过得如此精彩。但我想说的是，这种生活我们每个人都有能力拥有，只是大多时候我们都丧失了对生活的热情。比如，学生经常用“四点一线”——教室、宿舍、图书馆、食堂来形容自己单调乏味的生活；比如，工作的人经常用“两点一线”——上班去公司、下班宅家里来形容自己一成不变的生活。

其实，究竟是生活一成不变，还是我们对待生活的态度一成不变呢？恐怕是后者居多。

生活永远不缺少美，缺少的只是发现美的眼睛。

如果我们都是热爱生活的人，又怎么会觉得昨天和今天一样，明天又是今天的重复呢？

今天遇到这样的人和事，明天会遇到那样的人和事。今天学到一点新知识，明天又学到一种新技能。

明明每天都不一样，怎么会是一成不变呢？

《一个人的朝圣》中，老人哈罗德觉得自己的生活一成不变，直到有一天他为了看望阔别多年的好友而选择徒步远行时，才意识到以前走过的路并不只是一片绿地。

他再次踏上同一条路，惊讶地发现绿地上还有高低起伏的田埂，周边还有高高低低的树篱。他忍不住驻足遥望，自觉惭愧：深深浅浅的绿，原来可以有这么多种变化，有些深得像黑色的天鹅绒，有些又浅得几乎成了黄色。可是这些风景，他以前怎么没有注意到呢？

这段长达313千米历经87天才走完的路，让原本对生活失去热情的哈罗德再次燃起了对生活的热爱。他终于明白，一成不变的不是生活，而是他对待生活的态度。他以前失去了对生活的热情，才导致他对生活中的美好视而不见，其实生活的美好一直都在那里，只增不减。

巴西作家保罗·柯艾略说："我们要从平日司空见惯的事物中发掘视而不见的秘密。"

如果你用善于发现美的眼光观察这个世界，你就永远能看见天使的面容。

朋友桐桐和别人合租一套公寓，她的小单间只有十平方米左右，家具都很简单。可是就在这间小小的出租房里，她把自己的单身生活过得有声有色。

她买了吉他，没事自弹自唱一曲；在网上报了英语课程，下班回来给自己充充电；为了拓展知识，她买了很多书，睡前看上半小时；她还经常练习厨艺，隔三岔五就能学会一道菜。

房间虽小，但是她收拾得整洁有序，有花有草，文艺范儿十足。她和大多数同龄人一样，工作非常忙，可她从未忽略生活的乐趣。

她说："房子是租来的，但生活不是。我努力工作，就是为了更好地享受每一天的生活。"

生活不就是用来享受的吗？而享受生活的前提是，发现生活中的美好，从平淡的生活中创造出精彩。

很多人并不像桐桐那般热爱生活，同样是住在租来的房子里，他们每天都过得很将就，他们觉得房子是租的，能省则省，没必要当成家一样去精心收拾。不过，这种生活态度即使他们真的有了自己的房子，也未必就会收拾得如何整洁温馨。

热爱生活和你住的房子是不是租来的没有关系。难道租的房子就不是暂时的家吗？只要我们住在里面，就应该让自己过得更舒适，不是吗？

房子是租来的，难道我们的生活也要因此打折扣吗？

生活在哪里不重要，选择怎样的生活方式才重要。生活在大都市，向往乡村的宁静；生活在乡村，又向往城市的繁华。总觉得生活在别处，却不知生活从未在别处。

闹中可以取静，同样静中也可以创造热闹，关键在于你以怎样的态度去生活。

生活一直都在当下，如果你一直抱怨自己现在的生活不如意，不如想方设法去改变。如果你不积极行动，也许你未来的生活一样会不如意。

与其憧憬未来，不如努力过好当下。

你觉得生活一成不变，那就改变你对待生活的态度，用心发现生活中的一切美好。

做一个热爱生活的人，用一颗欣赏包容的心去对待生活。耳得之而为声，目遇之而成色，那么生活便处处都是美好，每一天都是新鲜的一天，又怎会是一成不变的呢？

作家大冰曾说："任何一种长期单一模式的生活，都是在对自己犯罪。明知有多项选择的权利却不去积极行动，更是错上加错。谁说你我没权利过上那样的生活：既可以朝九晚五，又能够浪迹天涯。"

是的，别人无法决定我们过什么样的生活，只要我们对待生活的态度不是一成不变，一定能发现更多的精彩和乐趣。

尝试：别轻易扼杀了生命的可能性

陈子淏

果不其然，张昊去了深圳。

在很多人看来，张昊的这次“深漂”有些“作”，但我知道这是一个成熟的决定。

张昊是贵州人，去深圳前在贵州电视台实习，表现出色，毕业就能转正。在很多人看来，这是一个不错的选择。相比在其他地方连一份好工作都找不到，进家乡的电视台工作确实让人羡慕。

但张昊最终还是选择放弃贵阳的工作，义无反顾地去了深圳。有同学说他“头脑发热，年少冲动”。我问他：“你想清楚没？”他说：“我想了很久，现在不走，以后就更没机会走了。我还那么年轻，我不想扼杀了生命的可能性。”

我了解张昊，他不是那种三分钟热度的人。买一张南下的车票只需要几十秒，但其实这是他几个失眠夜深思熟虑的结果。

二十几岁，上无老下无小，只身一人，无牵无挂，带着两个行李箱和梦想，去哪儿都方便。你一无所有，年轻是你唯一的资本。年轻，输得起，穷得起。大不了从头再战，实在不行，“滚”回老家，偃旗息鼓。

“现在不走，以后更走不掉了。”

工作了，恋爱了，定居了，年纪大了，身上的桎梏越来越多，哪儿也不想去，哪里也都去不了，就像电影《肖申克的救赎》里所说：“这些墙很有趣，刚入狱的时候,你痛恨周围的高墙；慢慢地，你习惯了生活在其中；最终你会发现自己不得不依靠它而生存。”

每个人的手中都有一把锤子，就看你有没有勇气去敲开你面前的那堵高墙。

以前，别人问我：“以后怎么打算？”我答：“去重庆或者成都做记者，然后买房定居，过一辈子。”

现在，别人再问我这个问题，我却不知道怎么回答了。去哪里生活？似乎哪都想去；做什么工作，似乎都愿意去学。

今年6月，我原本打算去成都工作，后来中途有变，去了西安。因为安排被打乱，负面情绪爆棚。

两个月后，我选择了回家。在回家的火车上，看着窗外不断变换的风景，我突然间爱上了这种未知的生活。我居然喜欢上了火车的轰鸣声，享受在不同城市间来回切换的人生。

我发现自己还有很多事情没做过。我还没看过海，双脚没有在柔软的沙滩上驻足过；我还没爬过泰山，没有在山顶上搭一顶帐篷，然后等待日出；我还没出过国，没有看过康河的柔波，没见过非洲的猛兽……我才二十岁，我才不要急着给自己设限，扼杀生命的可能性。

每一种生活都是一种乐趣，我都要去试试才好。人生没有白走的路，任何一种体验都是上天给予我的一份礼物。

我认识一些二十多岁的人，他们生活得潇洒惬意。

有个旅游记者，每年在东南亚各个城市间穿梭、生活，微信朋友圈里的他有时在芭堤雅喝酒，有时在海豚湾散步。“我二十五岁，没车没房没对象，但幸好有诗意的生活。”这是光棍节那天他在朋友圈里写下的。我们呢，二十几岁，没车没房没对象，还没有诗意的生活。

作者杨熹文，常驻新西兰，买了辆房车。这个自称1989年生人的老姑娘，扛着全部身家，搬进了自己的房车，铺了床，生了火，在冰箱里放上一排鱼罐头和冰啤酒，真正开始了“晃荡”十足的后青春生活。

“夏天我驾车走走停停，冬天我就把车停在房东家的院子里，努力工作，为下一个夏天赚旅费，日子充满惊喜与期待。这是我目前的生活，也是很多人想要的生活。有人羡慕至极，可羡慕没用，你得努力。”

我一直觉得“现世安稳，岁月静好”对于年轻人来说是一件特别不靠谱的事情。不管你身在何处，生活都不会对你绝对温柔，反而内心那颗不安定的心会让你蠢蠢欲动，焦躁不安。比起日后后悔，还不如趁早行动。

“稳定”对于年轻人来说只是一个梦。你都没去经历过，又怎么知道什么才是自己想要的生活；你都没有努力过，为什么要急着安于现实，告诉自己“我不配过上自己想要的生活”。

稳定，那是四十岁以后才该考虑的事情，二十多岁的你，想的应该是如何精彩地活着。

《楚门的世界》里的主人公楚门，一直生活在一个与世隔绝的孤岛上，他的一生从出生到死亡都是被安排好了的。在他所处的世界里，生活平淡而安稳。但他最后还是决定要冒着生命危险，历经艰险，走出去。每个人都向往自由，而不仅仅是安稳。

二十多岁的你，应该谈谈恋爱，和心爱的人牵着手走在街上；应该有一份自己热爱的工作，每天都有新的收获和期待；应该每年有几次旅行，搭个帐篷在山顶上看日出，穿着比基尼在海滩上晒太阳，骑着骆驼在大漠里穿行……

“有的人二十五岁就死了，只是到了七十五岁才埋葬。”二十多岁的你，不要随波逐流，安于现实，你还年轻，还有很多可能性，请勇敢地去开创属于自己的未来吧！

淡然：放弃诱惑并不意味着放弃追求

黄兰

非常佩服能坦然地坐在公交车上的美女，她们本不缺少机会坐在宽敞又舒服的轿车里，但她们选择在这个年龄段过着平静的生活，她们抵住了诱惑。

L小姐小时候长得像芭比娃娃，那时她坐在爸爸的自行车后座上，常有外国人招手想与她合照。长大了，荷尔蒙迸发，脸上长满了青春痘，当然，即便长了痘痘，L小姐也依旧难掩明媚，尤其是她那一双美丽善良的大眼睛，透露着一种简单随性。追求L小姐的人很多，但是L小姐似乎总沉浸在自己的世界里。她太爱看书了，对现实世界的男人总是带着一些隔膜。

我有时很为她担忧。毕竟都是凡夫俗子，总得面对恋爱结婚生子这些事情。尤其是在这么封闭的内陆城市，一个好姑娘，放着大好年华不去谈恋爱，未免太格格不入了——是啊，L小姐二十六岁了依旧还未恋爱。

二十五岁之后，L小姐的青春痘退去了，面孔开始变得光滑平整，她也自嘲道："青春的标志没有啦，老喽。"我看着经常发在咖啡馆里读书的L小姐的微信朋友圈，想：什么样的男人能驾驭得了她呢？

我的朋友力是单身青年，他见L小姐第一面时，目光就一直追随着L小姐。可是经过几次接触后，他放弃了追求。我问为什么。他说，L小姐是挺好的，对他也不错。可是对于一个男人来说，更愿意找一个美丽但少点思想的女人，L小姐太有思想，不好控制。

我听了他的话特别诧异，有思想也是过错吗？

"她很小资，而我是个粗犷的男人。"

虽然我不是特别明白男人们的心思，但是已经不止一个人跟我说过L小姐太理想，他们不敢追。

其实，L小姐只是注重精神生活。她喜欢看书、旅行及健身。她会跟你谈天谈地谈政治谈时尚谈文学，但是她不谈柴米油盐的琐屑。男人们看到的只是这一面的她，但没有看到她也有吃大排档、洗碗、扛桶装水的另一面。他们想当然地认为L小姐的十指不沾阳春水。

L小姐曾经走在路上被人搭讪过，她自然没理对方，但后来对方又创造了各种巧遇的形式与L小姐邂逅。原来此男为一家集团公司的董事，对L小姐一见倾心。L小姐与他吃了两次饭，就立刻将此男的联系方式删掉了。我问为什么？她说他没有思想。我问何以见得，她不喜欢他总是说些吃喝玩乐游的事情，一个男人，一天就只知道打游戏跟吃喝吗？

因为这件事，L小姐的妈妈对L小姐简直恨铁不成钢：“闺女，吃喝玩乐不是人生的最终追求，食物链的最顶端吗？你拼死拼活奋斗大半辈子还不是为了这个？”

“我不同意你的观点。”L小姐直摇头，也没给出什么解释，就钻到自己房间里去读书了。

土豪看来是不入L小姐的眼了，接下来上场的是个似乎有点儿品位的外企男。这个男人穿得很低调，但衣服的质感很好。他每周一在本市开会，周二到周五飞不同城市，周末回来。他每次回来都会问L小姐这周读了什么书？L小姐感到有些压力，可是她又很喜欢这种感觉。

他似乎无所不能，成熟历练，当然这也与他们之间差七岁有关。

一切看起来都很美好，外企男言辞间总是闪烁着暧昧，但就是不明确表示。有那么一阵儿，L小姐也有些糊涂了：他到底是喜欢我还是不喜欢我啊？

直到L小姐将思儿带到了外企男跟前。

思儿是典型的物质女郎。你总能看到她在朋友圈里晒美照晒奢侈品，当然这一切都来自男人的馈赠。思儿的道路很平坦，从一个小小的大众汽车的销售员，迅速做到劳斯莱斯的市场经理，每一步后面都有不同的男人扶持。如今思儿已经有了自己的房子及两辆车。

L小姐与思儿是小学同学，但长时间没联系，只是在去赴外企男的约会，L小姐在公交站牌下等车时，一辆mini cooper停了下来，思儿摘掉墨镜眨了眨眼睛……L小姐就带着思儿去见了外企男。

之后就是狗血的结局了。外企男看到更美的思儿动了心，悄悄地留下了思儿的微信号。而思儿本着让L小姐看清男人本质的心态，不动声色地与外企男勾搭了一阵儿，然后将这血淋淋的现实抛给了L小姐。

L小姐的小世界轰然倒塌。难道选择精神恋爱的我错了吗？L小姐看着情场上的常胜将军思儿不禁困惑了……

过了很久，有一天我在公交车站等车，看到一个很美的姑娘从拥挤的公交车上下来，她的高跟鞋被挤掉了。她狼狈地蹲下身赶紧捡起来穿上，又从包里掏出一张精美的纸巾，擦了擦上面的土。她就是L小姐。

她将包往肩上一甩，手里拿着一本未拆封的书，我看到是毛姆的《月亮与六便士》。她也看到我了，朝我打了个招呼。

我问她准备去哪？她刚说完“回家”，忽然又改口说：“不对，还是先去果蔬市场买半个西瓜吧，犒赏一下我自己，刚刚忍了半天没有打车，坐公交车回来的！”L小姐笑了笑走了。

我知道她的世界依旧平静，她还是没放弃自己的价值观。

这种平淡生活，没有那么华丽，但这是L自己的选择，也许是很多人一生都做不了或不敢做的选择。

我觉得L很美。

我想送一句话给她：只愿你得偿所愿，好好生活，不必为外界的评价所左右。若有人爱你，请他真心对你。若他真心对你，请你好好珍惜。

一个人的可贵，并不是说为社会做了多大的贡献，多么有成就，而是在面对诱惑的时候，要懂得放弃。放弃诱惑并不意味放弃追求，是因为生命中有更加值得我们去追求的东西。

前行：只要不曾后退，走慢一点又何妨

米格格

年幼时，她跟院子里的伙伴们一起玩，不管是跳舞还是做游戏，她的动作总显得有些僵硬，大人们在一旁闲聊，说她手脚笨。

她不怪别人说自己“笨”，因为“笨一点”，不用经常被大人们要求跳个舞、唱首歌，她有更多的时间在一旁看喜欢的小人书和动画片。

上学后，课堂上老师提问题，有的同学马上就能想出答案，举手回答。她却总是要听到同学头头是道地解说，老师默认点头，然后再详细讲解一遍问题的正解，才会恍然大悟。不过，但凡用心理解了的，她总会记得很牢，日后再碰见相似的题型时，很少犯错误。

跑步时，她的身影总落在众人之后，虽不是最慢的那一个，但终究不起眼。那些跑在前面的女孩子总能赢得观众的喝彩，她不羡慕，也不着急，就按照自己的节奏跑，唯一对自己的要求就是不能跑跑停停。这种习惯，练就了她的耐力。在一次运动会上，一向不慌不忙、不太起眼的她，竟然夺得了女子3000米长跑的第二名。

上大学时，第一次考英语四级，她没通过，差了15分；第二次，还是差了5分。她不吭声，也不抱怨，从此每天早起一小时，直奔自习室，埋头苦读。第三次，她的英语成绩超过了标准线50分，室友们瞠目结舌。

到毕业时，全寝室只有她一个人通过了大学英语六级考试。谁也没想到，这个不多言不多语的女孩身上竟有这么大的潜力。

恋爱，是大学校园里的一道风景线。十八九岁的年纪，周围多少女生已开始品尝爱情的味道，她却一直形单影只。偶尔她也会揽镜自照，仔细端详自己：白皙的皮肤，不施脂粉也算娇嫩；中等身材，不算火辣却苗条挺拔。

当然，她的身边也不是没有追求者，可相处短短数日，对方就嫌她“老土”。她知道，不是自己“老土”，只是跟不上他的节奏。对方要的，是一夜之间就白头到老；她要的，却是一场慢悠悠不慌不忙的爱情。

要找工作了，许多人像无头的苍蝇一般东撞西撞，没有方向和目标，只想弄个差事谋口饭吃，谈及未来的事，不过是三个字——“没想过”或“不知道”。她也是城市里的漂泊者，要面临生活的压力，但她不急不躁，也不想随便去一家公司做自己不喜欢的事，从此与梦想渐行渐远。

她想成为一名出色的广告策划师，这是个需要经验的职位，不是那么好谋得的。于是，她选择从最底层的广告公司职员做起——总要先进入这个圈子，再去争取其他。

从小职员，到策划助理，终于做到独立策划。这一路，她熬了好几年。初入公司时那些同龄的同事陆陆续续都跳槽了，有的嫌平台不够大，有的嫌工资不够高。可是，几年下来，看看那些人，生活似乎也并没有太大的改观，有的人不过是工资多了千把块钱，有的人即便进了大公司，也仍旧是跑龙套的小角色。她对现在的工作环境、职位、薪资待遇都颇为满意。也许，一切来得慢了点，但一定是她自己想要的。

公司年会，在KTV包房，大家撺掇她唱歌，说这么久了还没听她唱过歌。她略带羞涩地唱了一首许茹芸的《慢热》：

每个人的角色/在见面那一刻/总被印象假设/然后当真了/而我呢是哪一个/血液是沸腾的/却被安静外在牵扯/你们交头接耳/我却像旁观者/渴望众人许可/冷静却缓冲我的性格/我只是慢热/不是不快乐/满载感慨超乎负荷/却不想要割舍/一切太难得/一时

才不知如何/我比较慢热/眼前的欢乐/得先等我脱去外壳/我再坐一会儿/自然会温和/感谢你耐心配合/我的独特……

她唱的时候，包房里安静极了，只有背景音乐和她柔和的嗓音。大家都不知道，原来这个低调的女孩子唱歌这么好听，而这首歌的歌词，俨然就是她在倾诉自己、表达自己。一首歌唱罢，大家意犹未尽，非要她再来一首。她笑盈盈地选了一首《蜗牛》——又是一首跟她气质很像的歌。

唱完后，私底下要好的同事跟她聊天，说："你选的歌，就像唱你自己呢！看似不慌不忙，慢条斯理，可一不留神，你就走到了所有人的前面。"

她笑着说："小时候，我看蜗牛能看上半个小时，看它如何在青砖上爬。我觉得，我特别像蜗牛，非常敏感，一碰触角就会缩回来，但会慢慢地往前走，不会左顾右盼停滞不前。我不是那种能量场很强大的人，也不是那种有超级天赋的人，但只要给我足够的时间和空间，我会慢慢找到自己的方向，走好自己该走的路。虽然有时候比别人慢了点，但我觉得，只要不后退，走慢一点也无妨。"

在你追我赶的时代，太多人以奔跑的姿态前行着，但不是每个人都记得当初为何出发，究竟哪里才是自己最终的归途。

也许，站在熙熙攘攘的人群里，你不是那么起眼，拥有的不是那么多，走得没有那么快，但这都不要紧，要紧的是，你始终循着自己的脚步，在不慌不忙中日渐显出优秀。

当别人从你身旁赶超你的时候，你记得提醒自己：只要不曾后退，走慢一点也无妨。一直往前走，终有一天能抵达想去的远方。

立足：生活的路，必须自己走出来

轩雨幽冉

人生漫漫长途，我们不应该故步自封。我们需要在适宜的时间为自己跳一支舞，为自己寻一方乐土，为自己找一条路……

我一直很欣赏一个朋友，她叫小蕾。

我和小蕾是在一次化妆师资格考试的时候认识的，说起来我俩也真是有缘。那会儿，我的朋友玲玲一心想做化妆师，就报了个培训班，刚好和小蕾在一个班，她俩的关系特别好。有一天，化妆课要考试了，老师让她们各自带个模特去化妆，现场评分。谁想，小蕾找的模特突然过敏，长了一脸的红疹，根本不能再化妆刺激皮肤了。小蕾万分焦急地跟玲玲说了这件事，求她帮忙。玲玲就把我介绍给了小蕾，让我当小蕾的模特，说是“江湖救急”。

免费有人给我化妆还不好吗？而且人家是参加考试，一定会格外用心，把我化得美美的。所以，我就很爽快地答应了。

到了考试那天，我和小蕾才正式见面，我第一眼看见她，就很羡慕她的身材，她身高一米六多，骨架小小的，腰细细的，一副邻家妹妹恬静的样子，很是讨人喜欢。

小蕾见到我后，对我的第一印象也很好，很热情地拉着我的手到考场去了。

那天，她准备给我化个宴会妆，说这样更能突出她的化妆水平，考分会比较高。我说好啊，然后就坐在椅子上等她化。

可是，我等了很久，她都没有要给我上妆的意思，只是一会儿看看我，一会儿看看化妆盘，一会儿拿象牙白的粉底，一会儿又拿自然色的粉底，好像无从下手。我这才恍然意识到，可能她的水平不怎么样。

于是，我说："用象牙白吧，自然色对我来说涂了无效……"

小蕾顿时睁大眼睛说："好啊好啊。"

可是，涂完粉底她又停住了，我知道她是在为用哪一种颜色的腮红困惑呢。

"桃红色吧，桃红色比较亮。"

"哦哦，好。"

到了刷定妆粉的时候，我小声问她："你这化妆课究竟学了几堂？"

"我几乎没怎么来听过，所以我才让玲玲找个美一点的妞来给我当模特，就算化得不好也不会让老师觉得难看，玲玲果然没让我失望……”

“噗——”我瞬间“晕倒”。

幸好我还能糊弄两下，总算帮小蕾完成了考试，目测好歹也能及格吧。考完试之后，小蕾说一定要谢谢我，所以拉着我和玲玲一起去吃麻辣烫了。我那时候才知道，原来小蕾在演艺公司做经纪人，手下有不少合作的明星。她说，经纪人不好做，所以想学化妆，以后还能转行。

对我来说，经纪人是很有趣的职业，充满新鲜感和神秘感。于是，我就像记者一样，问了小蕾一堆问题。

“你平时上班都干什么？”

“谈业务啊。”

“什么业务？比如？”

“就是接洽一些商业活动，然后每天还有很多通告要走，一会儿在这个片场，一会儿在那个片场，要是遇到追求完美的导演，我们要忙到晚上十一二点才能收工呢。”

通告……导演……收工……

多么有吸引力的字眼。

“真有意思，我也想去片场玩玩。”我随口说了句。

“那有什么难的，明天我就去片场，你跟我一起去吧，没准还能当一次客串。”

“好啊，说定了，我要去的。”

“明天一早6点在中山公园等我，我们在那儿会合。”

“6点？那么早？”

“对啊，拍戏很辛苦的，从早到晚都不闲着，很早就要去搭布景、化妆、换衣服，导演还要给人说戏呢。要是演得不到位，那可是咔咔咔要NG好多回的。”

我们就有说有笑地说完后就各自回家了。

第二天，凌晨5点45分，中山公园。

我早到了十五分钟，小蕾也已经早到那儿了。于是，她带着我上了他们摄制组的车，车上还有一些去拍戏的演员，不乏帅哥美女。此外就是化妆师、服装师、道具师等剧务人员。

一个多小时后，我们来到上海郊区一个很偏僻、很荒凉的地方。下车后，我看到一间间四四方方的平房。小蕾说，这些房子里都是搭的一个个内景，每一间的租金都不一样。

下了车，几个演员被叫过去排队，片场导演和摄影师早就到场了。演员们排成一队，导演像个教官一样站在他们面前，眼睛不停地在每个人身上扫来扫去，应该是在选适合角色的演员吧。

导演看了好一会儿，挑了几个人出来，叫他们先去换衣服。我想，他们几个大概是主演吧。随后，小蕾走过去跟导演打了个招呼，还跟导演说我是她的朋友。导演看了我一眼，没说话。

后来，我就去化妆室看他们化妆。

果然是拍战争片，长衫、军装、冲锋枪之类的道具都有。女孩子都扎了两根马尾辫，穿着民国时期的学生装。我看着他们，觉得很有趣。

不一会儿，小蕾进来找我，说导演让我也去换一套学生装，让我也跟在队伍里去参加“抗日”……

就这样，我被拉去换上了民国时期那种斜襟上衣和黑裙，造型师给我编了两个小辫。导演看了看我，又给我配了个男同学做搭档，假装我俩留学刚回来。

小蕾看了在一旁大笑说：“挺配，挺好。”

第一次玩客串还是玩得挺乐的，我很卖力地大喊：“我要参军，我要抗日……”

可是当这句话重复喊了不下五十遍的时候，你就会觉得不好玩儿了。

就这么几个镜头，一直折腾到中午十二点，小蕾总算是来拉我去吃饭了，都是统一吃盒饭。

我一边吃饭一边问小蕾是怎么找到这么有意思的工作的。小蕾告诉我，她因为成绩不好，高中毕业后就出来找工作，她爸妈觉得上海机会多，就一起来上海租了个店面开了一家小饭馆。

父亲常对小蕾说，实在读不好书就算了，但做人一定要机灵肯吃苦。小蕾就是听了这句话，从小就善于察言观色，也学会了吃苦耐劳。

她说她没什么特长，不过还算活络。有一次，她去一家新开的广告公司应聘，对方看了她的简历觉得她没学历也没经验，实在不太合适。当然，面试官也没直说，就说让她回去等消息。不过，小蕾已经看出来了。她赶紧开口说，不管你们能不能录用我，以后你们来我饭店吃饭，我一定给你们打折。

那个面试官当即就笑了，觉得这孩子挺机灵，有眼力介。于是转而跟她说，策划啊文案啊什么的可能并不适合她，要不先试着做推广，负责洽谈项目的合作，如果做得好，以后可以转做经纪人。

就这样，小蕾进了这家公司。入职后，她很勤快，每天都带一些她老爸饭店里的特色菜给领导和同事们吃，人际关系自然就很顺畅了，公司上上下下都很喜欢她，小蕾做起事来也得心应手。经常有同事帮她出主意，陪她一起去谈客户，这当然就事半功倍了。很快，小蕾就为公司拿到了几个商演合作，比如：一些小景区的广告代言啊，公司宴会啊之类的。

几年下来，小蕾对这一行已经轻车熟路了。

2014年年初的时候，我发现我的朋友圈被小蕾刷屏了，满屏都是新款服装的图片。我问她是不是帮人打广告，小蕾说不是给别人打广告，这是她投资的品牌服装，实体店开在一家商业区。

我当即被她震撼到了，说：“看起来你这几年赚得挺多啊，都能拿钱入股开服装店啦。”

她说：“开服装店一直是我的梦想，现在有了钱，自己也还年轻，就赶紧把自己喜欢的事业做起来吧。”

“真好。”

“那你要来买衣服啊。”

“好好好。”

我真的很佩服小蕾，有主见，有能力，有目标。

生活的路，其实都是靠自己走出来的，如果你发现一条路走不通了，完全可以再凿开另一条路继续走下去。我们确实需要认真读书，但不是死读书，毕竟每个人的天赋和能力是不同的。

我们不应该固执地只攀金字塔，我们只要能为自己找到一幢楼、一艘船，甚至只是一块小小的池塘，也足够创造出属于自己的一方美景……

拼搏：三十几岁还一事无成的你，要认怂吗

朵娘

“活到50岁，我只剩下勇气。”

这句话是电影监制李烈说的，它就像是红桂飘散在空中的香气，让人忆起遥远的人和事。

上大学时，我曾经做过家教，期间辅导过不少孩子。其中有一个特别调皮的男孩，我们认识只有几天，他就开口问我：“姐姐，你看我是不是很帅？你喜欢我吗？”

男孩的妈妈说：“这孩子特别淘气，已经换了好几个家教了，我又实在太忙，还得辛苦您多点儿耐心帮我教导他，孩子没坏心，就是皮了点，老师你多担待。”

男孩的个子比我还高一些，他的皮肤很白，于是我就叫他小白。小白的妈妈独自抚养小白，又在学校周边开了两家火锅店，所以特别忙。

每天，小白妈妈不到凌晨四点就出门了，中间会抽空回来送

小白上学，晚上要忙到深夜才能回家。小白说："我妈妈根本就没空陪我，她总是在忙着挣钱。"

每次见到小白，他身上穿的都是名牌，读的是最好的学校，上的课外辅导班也是顶尖的。

我开导他："你看，你妈妈一个人抚养你，送你上学，也非常不容易啊，你得多体谅她。"

小白说："我体谅她啊，我不希望她挣那么多钱，不希望她那么辛苦，挣钱的事以后交给我就好了。所以，我赶走了一个又一个家教，但妈妈总有办法找到下一个，我也是醉了。"

我把小白的话转述给了小白妈妈，她听后眼圈发红，但没有流下泪来。看得出，这是一位非常坚强能干而且自律性非常强的女人。

小白妈妈说："年轻时，我非常任性放纵，不听父母的话，在没有结婚的情况下就生下了小白。但生下小白后，小白的爸爸却消失了。

"我当时想，我就是掘地三尺也要把那个负心汉给揪出来，让他对我们负责。

"那段时间我过得非常惨，差不多有六年，我没有工作，花着父母的钱，在一座又一座城市间穿梭。

"但找呀找，一直到小白六岁，我三十岁，我都没有找到那个负心汉，他就像从人间蒸发了一样。三十岁，我的人生如幽暗森林，惨淡无光，没钱、没存款、没技术，还拖着一个孩子和渐渐老去的父母。”

小白妈妈停顿了很长时间，似乎是在回忆过往，又似乎是在展望未来。

“我当时想，我不能在怨恨里过一辈子，也不能带着小白回去啃老。所以，我就骗父母说，已经找到小白的爸爸了。然后一咬牙，我带着小白来到了这座城市。

“当时，我身上只有两千块钱，安排好住宿后，根本就没办法解决小白的读书问题。我只能拼命找工作，最忙的时候，我同时干了四份工作，白天一份，晚上去酒店帮忙洗盘子，还干了几份钟点工。

“那段时间，小白跟着我吃了些苦，我非常内疚，下定决心，一定要赶紧挣钱，让小白和父母享福。所以，等我一凑够小白的学费，就先把他送去了附近的学校，然后继续争分夺秒地工作。

“没日没夜地工作的日子差不多持续了三年。后来，我和别人合伙开了家饭馆，挣了点钱，但没过多久又闹起了纠纷。于是我就干脆自己出来开店，经过几年的努力，现在终于干出了点眉目。”

说到这，她脸上不自觉地漾起笑意：“我一刻都不敢放松，我要把之前浪费的时光找回来，孩子的事情，能自己做的我尽量自己做，其他统统外包。可是再怎么争分夺秒，还是追不上孩子长大和父母衰老的速度。”

我想起史铁生写过的一句话：“三十岁时，我的第一篇小说发表了，母亲却已不在人世。过了几年，我的另一篇小说又侥幸获奖，母亲已经走了整整七年。”

有时候，人生成功的速度赶不上亲人老去的速度，也不能与男大当婚女大当嫁的年龄同步。但我们要服软认怂吗？

我的好朋友小羽，即将奔三，但依然还是单身，她父母拼命打电话催她回去相亲嫁人，并恐吓她说，要来把她绑回去。

小羽却有自己的计划，她说这几年自己也存了点钱，已经攒够上北京某古筝学校的学费，是时候去追梦了。

她是个行动派，一个月后辞职奔赴了北京。

此前，她是一边工作一边自学古筝。但她认为，古筝这门乐器需要接受系统化的教学，才能让自己的技艺更加炉火纯青。

小羽的父母对此非常生气，但事已至此，也只能由她去了。

小羽在北京学习了两年，就拿到了古筝方面的所有证书。她说：“这两年，我每天都勤修苦练，就只差头悬梁锥刺股了。”

她在学古筝的过程中，揣摩过多家培训机构的经营模式和营销方法，同时她也在一些培训机构打过短工，所以她学成回乡后，开了个古筝工作室。短短半年，她的工作室就很红火。

这时候，她父母后悔了：“早知道你这丫头这么倔，我们就早点支持你好了，又不缺那点钱。本以为不给你学费，你就会认怂，放弃这些不靠谱的追求，早些嫁人。没想到你竟然边工作边学琴，依然不改初心。如果我们早点支持你，说不定你早就在实现梦想后嫁人了。唉……”

小羽打趣道：“你们这是说我追梦的速度赶不上嫁人的速度吗？嫁人着什么急，水到渠成的事儿。但梦想一等再等，就真成黄粱美梦了。”

很多女性，包括我自己，每当犯懒的时候，就会以婚姻、孩子为借口，躲进温室，将人生的无限可能拒之门外。然后日复一日，直到将自己的梦想耗尽。

虽然我们也不甘心，不满意，想踮起脚尖去看世界，却一直没有勇气。想改变，又不知道该从何做起，总觉得力不从心。

周国平写过一句话：“群体性的懒惰是阻碍个性发展的最大阻力。”躲在婚姻、家庭里，若你的爱人也不是一个积极进取的人，或者说他是一个安于现状的人，那就成了抱团偷懒。这个家庭的小宇宙，看似“岁月静好”，不如说是不思进取。

不要一遇到挫折就觉得自己没天赋，没希望，更不要妄自菲薄。

首先，我们要让自己从舒适区里走出来，这需要挑战自我。

比如说，冬日里的早起，当闹钟响起的时候，我们会习惯性地关掉它继续睡，因为被子里面真的很温暖，而被子外却寒气逼人。人会本能地贪图这个舒适区，继续赖床，往往睡到日上三竿。但自律性强的人，早已起床读了半本书，写了一篇文章……

自律的人，都有铁一样的意志，军人般的自我约束，或多或少地保持着清教徒式的生活方式。

苹果公司CEO蒂姆·库克，凌晨四点半开始发邮件，然后去健身房锻炼身体；马克·扎克伯格每天跑步一英里，除此之外，他每个月还要读两本书，坚持学中文。严歌苓三十年来坚持每天坐在书桌前写作六七个小时，从早上九点到下午四点。

第二，过滤掉生活中的一地鸡毛所带来的负面情绪。

我的实践经验是：与其长久地沉浸在负面情绪里，不如及时消化它。比如，被家务搞得焦头烂额时、工作压力大时，我会转移注意力，让自己认识到，这是通往理想的必经之路，然后用开放的心态去接受它。

我尽量不让自己把时间浪费在负面情绪里，减少纠结犹豫的消耗，及时以清零的心态开始另一波奋斗。

我比较赞同日本一个生了五个孩子的女医生的说法：每个步入婚姻的女人，身份都是多重的，既是妈妈、媳妇、老婆，又是员工。与其总是在身份中做选择，或者总是放弃自己的理想，总是负能量满腔，倒不如做多项选择，同时开工，并且包容自己的不完美。

虽然有人说，你什么都要抓，什么都不精，说不定最后都是一场空。其实也不完全对，一开始，我们不需要将每件事都做得非常完美，如果多尝试几种，即使不完美，也是可以的。时间久了，找到自己的方向就会精进。

第三，行动，行动，马上行动，用目标和执行计划一步步实现自己的理想。

首先要构思好自己的人生框架，然后马上行动。

人生过着过着就特别容易随波逐流，因为下坡路轻松好走。但是，如果我们认怂，一点一点地被生活磨去棱角，渐渐地，我们就会变成自己曾经讨厌的那种人。就像是淹没在市井里，那些大大小小的麻将馆里无所事事搓麻将的人。这些人的面孔我总是记不住，似乎千人一面，也许就是因为精神的早衰和个性的夭亡，使得他们变成了无面人，但愿我们不要成为这样的人。

最后一点，说到底，技巧的成熟是可以随着岁月流逝与日俱增的，但心态却是根本。锤炼毅力，克服惰性，多给自己机会，学会接受挫折，这样，人生的困局才会迎刃而解。

喜欢什么，想过什么样的生活，不管是已婚还是未婚，不管你是二十几岁，三十几岁，还是四十几岁，都请开始行动吧！

NO.3

如果厌倦了格调，

你就厌倦了生活

整理：你房间这么乱，怪不得生活那么糟

陈子淏

每天我下班回家做的第一件事，就是花十分钟收拾房间，然后才是洗澡，写稿，看书，睡觉。我不能忍受房间凌乱。桌子乱了，我写不出东西；床乱了，我睡不好觉。虽然早上由于赶着上班，可能会被子不叠，拖鞋乱扔，吹风机甩在床上，但下班回来，即使再累，我也要先把房间收拾好。整齐的家会让我心情愉快，干活效率倍增。

我不是处女座，也没有强迫症，但我坚信房间很乱的人，生活一定是糟糕的。

我有个不是特别熟的女性朋友。我第一次去她家的时候，确实被震惊了：地上扔着用过的纸巾；换季的衣服不收拾放好，全部堆在床上；两个敞开的行李箱横躺在过道上，里面装的还是她上次旅行的用品；书桌上，笔筒里插着眼线笔，书里夹了一张面膜，试卷散发出一股溅上油汤后晾干的气味……真是一桌三用，

美容、学习、吃饭三不误。打开她的冰箱，水果、蔬菜、牛奶一样也没有。我问她："怎么没买点儿东西放家里？"她指指脏衣篓旁边的塑料袋说："全在这里啊。"打开一看，里面除了干脆面，就是辣条。

朋友说她今年各种不顺，和老板公司吵架被炒了鱿鱼，教师资格证没考上，正在备考的公务员也多半没戏。

"工作不顺就算了，身体也变差了，感冒一周了还没好，头一直晕晕的。"

我问她原因，她说吃东西吃坏了肚子。

"你租的房子这么大，我刚看厨房里东西也挺齐全的，为什么不自己做饭，外面的东西有些不卫生，容易吃坏肚子。"

姑娘一脸不服气地说："我就是吃自己做的东西吃坏的肚子。"可是看看她的房间。堆积的垃圾散发出难闻的气味；窗户本来就不大，一个置衣架放在那里，完全遮住了阳光和空气；我摸了下她的床单，湿的。

"在床上喝水的时候打湿的，还有一块床单不知道被我扔哪里去了，就将就着睡吧。我睡的另一半，不影响。"她说。

估计是看出了我无比嫌弃她凌乱的房间，她开始解释："我因为忙着考试，又生病，加上心情不好，就没打理。"

"你以为你这样，病就能好了？考试就能过了？心情就能美得像朵花？”

那天，她因为找地铁卡耽搁了时间，上班迟到了。正好老板因为合作伙伴毁约心情不好，就批评了她一通。可能老板那天说的话有点儿重，她就顶了几句。可是和老板吵架，哪有吵赢的道理，她就这样被解雇了。

于是她又准备考教师证，结果考试前一周一直生病，最后自然是没考上。现在呢，又在准备考公务员。

“生活好难啊，我感觉我的一切都不顺。”

看着她委屈的样子，我忍不住说：“你先把你的房间收拾好。家是一个人的避风港，可是你的屋子哪里都乱，你自然觉得生活糟糕，带着这种状态去考试也好，工作也罢，肯定顺利不到哪里去。不顺利了，心情就更糟，房间也会更乱……你难道打算一直这样恶性循环下去？”

朋友可能觉得被一个男生说屋子乱有点儿不好意思了，便起身开始收拾房间。我也搭了把手，还去楼下买了几盆多肉植物，一株吊兰。

“看着收拾好了的房间，果然心情好一点儿了。”朋友说。

“是吧，保证你这次考试能过。”我鼓励道。

不过，生活没有那么幸运。那年考试，她还是没考上。我还在替她担心的时候，她却打来了电话：“明天来我家吃饭呗！”第二天，我去了。

哇，她家真的变了——比我上次帮她收拾的时候整齐多了。虽然眼线笔还是插在笔筒里，但书里看不到面膜了；书桌上多了几支插在酸奶瓶里的月季，把置衣架搬出了房间；窗帘洗了，感觉变了个颜色；阳光照进来，均匀地洒在地毯上……

“我还以为会一夜回到解放前，没想到是大变样啊！”我打趣道。

她讪讪地笑了笑：“你说得对，房间太乱了，生活也会变得糟糕。我现在每天再忙，也会花半个小时整理房间。每天推开门，看到阳台上的花和阳光，心情瞬间好多了。没考上公务员又怎么样，至少我现在更加乐观，更加快乐了，这难道不是一种进步吗？”

总有人喜欢为房间乱找借口。

“我很忙，没时间收拾……”房间堆叠得越乱，人的心情就越烦躁。

家是最小的社会单位，床是你每天三分之一的时间要待的地方。情绪会影响环境，但更多的时候是环境影响我们的情绪。

抽个空，收拾一下房间，收拾一下自己。给桌上添几盆绿植，床单勤换洗，衣柜里的衣裳叠整齐……整洁，是美好家居的第一步。

装扮：不要小看一个穿高跟鞋的女人

陈子淏

知名广告人许舜英在文案里写道：“真正让女人沉溺的鞋子，绝不只有外表，还有一种穿上了就不想脱下的欲望。”

以前不是很明白女生为什么那么痴迷于高跟鞋：走路不能太快，逛街时间长了会累，偶尔甚至还会崴脚，晚上回到家连脚趾头都在喊痛。我一直觉得高跟鞋就是女人为了美在故意“作死”，直到认识了吉娜。

吉娜简直是个“鞋控”！3厘米的低跟、5厘米的中跟、8厘米的高跟、12厘米的恨天高，细跟、粗跟、楔跟、钉跟、坡跟；优雅黑、“斩男红”；铆钉的、带链的、镶钻的……第一次去她家的时候，我被她家的鞋柜吓了一跳。大大的鞋柜里摆了四十多双高跟鞋，只有最底下一层摆了双有些格格不入的跑鞋。

我问吉娜：“这么多高跟鞋，你穿得过来吗？”吉娜不屑一顾地回道：“多吗？我还嫌少了。这几双黑色的，是周一开例会搭配套裙的；这两双普拉达和巴利，是去甲方那里提案时专用的；这三双红色的，是用来和男人约会时穿的；这双紫色的，是和好姐妹去泡吧时穿的……高跟鞋就是我的命啊。只有穿上高跟鞋，我才会觉得自信。”

吉娜说的全是实话。她身量不高，五官也不出众，以前的她属于丢在人群中都不会引起别人注意的那种人，公司开会她永远安静地坐在角落。可能是因为闺蜜们纷纷恋爱结婚，自己却还没人追，也可能是不甘心被男同事调侃，吉娜决定改变自己。

第一步就是给自己买双高跟鞋。吉娜果断给自己买了一双8厘米跟高的高跟鞋。以前她只喜欢跑鞋的舒服，现在觉得漂亮比舒服重要。但是第一次穿高跟鞋，体验很不好，脚痛，脚趾被挤得很难受；走路不稳，好像随时会摔倒；鞋子便宜，穿着特别不舒服；晚上回到家，一脱鞋发现脚后跟已经流血，脚底也起了水泡。吉娜哭着把高跟鞋扔在一旁，给自己打了一盆热水泡脚，发誓再也不穿高跟鞋了。

第二天，她犹豫了一下，还是把脚塞进了高跟鞋。走在路上，因为脚趾还是痛，所以不敢走快，生怕别人发现自己的不适；明明如同走在刀尖上，却还要硬装出一副云淡风轻、毫不做作的姿态。一天天坚持下来，她熬过了最难受的那段时间。

等脚适应了高跟鞋，她又剪掉了干枯的长发，换成干练的短发；硬生生地戒掉了晚饭，还逼着自己每天晚上跑步半小时；又跟着美妆博主学化妆，让闺蜜陪自己去买新衣服……吉娜一点点的改变，一点点地变好看了。

都说从头再来，其实从脚再来也不错。不要小瞧一个穿高跟鞋的女人，穿高跟鞋的女人都是狠角色。敢把脚硬塞进高跟鞋的女人，就能为了瘦忍住夜宵，坚持每天跑步半个小时，也能在已经困得不行的时候，还强打精神卸妆敷面膜。

美是要付出代价的。穿高跟鞋的女人，愿意承担这种代价！她们不一定有多么精致的面容，魔鬼一般的身材，但她们敢对自己下狠心，决不允许自己变得邋遢和平庸。

高跟鞋对于一个女人来说到底意味着什么？

在一期《非诚勿扰》电视节目中，女嘉宾对着男嘉宾深情表白："高跟鞋是我的骄傲，我觉得穿上高跟鞋自己就是个女王，但今天我愿意为了我喜欢的人放下我的骄傲。"随后脱掉了自己的高跟鞋，一步步走向男嘉宾，抬起头仰望着他。

高跟鞋对于女人来说，代表着美丽和成熟，也代表着骄傲和野心。

我上一家公司的行政总监A姐说她第一次找工作时，在面试那轮被刷了下来，虽然之前的笔试都是第一。当时还很年轻的A姐接受不了这样的打击，忍不住跑到洗手间哭了。公司前台的姑娘正好经过，递给她一包纸巾，然后说："下次面试，记得穿高跟鞋。"A

姐这才想起来，其他面试者都穿着高跟鞋和套裙，妆容精致，一副干练的模样；只有她穿着休闲鞋和牛仔裤，一副学生的模样。

高跟鞋是职场女人的利剑。不信，你看那些在高档写字楼里工作的白领，哪个不是穿着一双优雅的高跟鞋。

电影《杜拉拉升职记》中，刚入职场的杜拉拉每天都要在公司门口把自己的平底鞋换成高跟鞋，后来从行政专员变成总监后，她就再也没换过鞋了，而且鞋跟变得越来越高，步子越来越轻快。

电影《穿普拉达的女王》里，女主角安迪从被狂虐的职场“小白”蜕变成在上司面前游刃有余的助理后，鞋子也从平底鞋换成了普拉达的经典高跟款。

高跟鞋代表的是一个女人的欲望和野心。越是痴迷于高跟鞋的女孩，越有向上的欲望，那种俯瞰世界的感觉真的很好。穿上高跟鞋，你会感觉整个世界都要为你让道，女人只有站在高跟鞋上才能看清楚这个世界。

女人脚上穿的不仅是一双鞋子，还是脚下未来的路。能驾驭高跟鞋的女人，更懂得驾驭自己的生活。她们知道什么是美好的、漂亮的，也愿意为了美而努力拼搏。一双高跟鞋里，不仅体现了女人的美，还蕴藏着她对精致生活的追求和对未来的野心和欲望。

千万不要小瞧一个穿高跟鞋的女人，你永远不知道她会变得多么美丽和强大！

修行：你可以不漂亮，但一定要有教养

朵娘

深夜，小美在朋友圈中写道："感恩生命中的贵人，从今天起，我要扬帆远航了。"

照片中的小美羞涩，还有点儿拘谨，双手各捏着一个麻花辫的发梢，大大方方，眉梢眼角尽显温情，嘴角微笑着向上翘。

小美有耳疾，所以从大城市回到了家乡小镇。

三十二岁的姑娘，没嫁人，没工作，还得了病，这在小镇免不了被人议论。但她总能礼貌地与人打招呼，对人微笑，热心地辅导隔壁邻居孩子功课。

小美待人接物温婉客气，给人一种亲切温馨的感觉，就像岩石上的小雏菊，温柔地迎风点头。

因为她的礼貌、客气和她发自内里的教养，小镇的人们渐渐认可了这个大清早跑步，喜欢用手机拍花、拍鸟、拍晨练老人的女孩。他们开始主动跟她打招呼，甚至还关心她及她的家人。

她有烦恼吗？当然也有，上有父母要赡养，下有体弱的弟弟要扶持，而她自己，听力是一日不如一日了。此时，她急需的是一份工作。

抱着试试看的心态，她在朋友圈发了一条求职信息，居然就收到不少offer，其中还有她特别喜欢的公众号邀请她做编辑。

互联网时代，圈子说大就大，说小也就那么小。

她曾参加过某社群的线下活动。当时，活动现场十分混乱，不少粉丝怨声连天。于是，她主动像工作人员一样，给人端茶倒水，以微笑对怒气，以春风对寒冬。后来活动又出现了意外插曲，计划要出场分享的嘉宾，迟迟不上台。

眼看主持人陷入尴尬，小美就勇敢地站上去。她很坦诚地告诉大家，她只是个“替代品”，但愿意倾尽自己的见识和大家聊聊与X社区有关的成长故事。

台下的粉丝提问，各种刁钻古怪和冷嘲热讽，主持人都为她捏把汗，她始终一一微笑作答。

人生处处是考场，互联网下的口碑传播更是影响深远。于是，有人不经意间就记住了这个教养良好的姑娘。所以，当她因病避世，需要帮忙的时候，就有人乐意为她提供工作机会。

如今，她成了一名身在家乡的自由职业者，而这份工作带给她的收入也远远高出小镇的平均工资水平。

有教养的人，会有一生的好运气。

胡姐就是这样一位女人。无论别人如何黑脸、摆谱，甚至说难听的话，她都不会面红耳赤地与其争执。

我问她："你就不生气吗？他那样说你。"

她说："生气有何用，一般情况下，我选择忽略不计。"

胡姐现在是一家影楼的老板娘。十年前，她还只是一名家政钟点工。她工作一丝不苟，说话做事总会给人留有余地。在雇主们看来，她的温婉如春风拂面。

这种教养，让她身上流淌着一种贵气，这种贵气打动了一名影楼的老板娘。为此，老板娘聘请她做全职保姆，照顾孩子。胡姐把孩子照顾得非常好，孩子也非常喜欢她。

老板娘见胡姐性格好，又会做事，便想将她长久地留在身边，于是给胡姐加薪，让她兼职给员工做饭。

胡姐做的饭很受大伙欢迎，菜品丰富，还必配靓汤。但公司人多，大家口味不一，日子久了唠叨抱怨肯定难免，不好听的话也有。但她依然面带微笑，似乎并不在意大家的刻薄。同时她也不断改良菜谱，挖空心思开发特色菜。

公司人多，茶水间一天到晚都是湿漉漉的，总有人把各种茶叶、饭渣子倒在水槽里，导致水槽总被堵。胡姐虽然只是兼职做饭送饭，但到了公司，见茶水间这么脏，她就主动收拾。于是总有人喊："阿姨，这儿脏了，那儿也脏了，你擦擦吧。"

有时候，刚收拾好的水槽转身又堵了。某些员工自己不讲卫生，动辄大叫："阿姨，你倒是快来呀，水槽又堵了。"于是，只要在公司，胡姐便会被这帮员工支使得团团转，不是正在清洁厕所，就是拖地，或是冲洗水槽。

即使被大家当作保洁阿姨呼来唤去，胡姐也没有任何抱怨，倒是老板娘自己看不下去，时常替她打抱不平，大家的行为才有所收敛。

正是因为胡姐身上这种良好的教养和忍辱负重，让老板娘觉得她做事靠谱、有分寸感、有教养，值得尊重。

此后公司战略变革，在各城市开设分店打天下时，老板娘就总带着胡姐四处奔波，而胡姐的身份，也从钟点工、保姆、阿姨，一步步上升到助理、分店店长。

有人说，胡姐运气好，遇到了贵人，大字不识几个的保姆，蜕变成自己当家做主的老板娘。我却认为，凡事有果必有因，看胡姐年轻时的照片，眉梢眼角间透着一股温和坚毅，她一直是一个给人春天般温暖的人吧。我想这也是教养的外在表现。

黄渤，也是一个教养极好的人。有一次，他在机场被粉丝错当成了王宝强，粉丝特别激动，一直拉着他说，非常喜欢他演的《天下无贼》。黄渤开始时一脸茫然，但他马上就明白了：粉丝认错了人，将他当成了王宝强。

不过，他没有表现出不悦，甚至还一直配合着粉丝，跟对方聊《天下无贼》，最后粉丝要签名，黄渤认真地签上了王宝强的名字。

事后有人问他：“被错当为王宝强，你感受如何？”

黄渤说：“替宝强感到无比骄傲。”

我想，一定是根植于内心的教养让黄渤如此善待宝强的粉丝；也正是这份教养，让黄渤这样的男人，越看越帅，戏路越走越广，人缘越来越好，也成为越来越多女人的“梦想老公”。

明道副总裁许维说过一番话：“人品是一个杠杆，它能够成倍地放大你的价值，也能成倍地减少你的价值。”

而教养恰恰是人品的外在表现。一个真正有教养的人，会使人近而敬之，远也亲之，既能让他人如沐春风，同时也会让自己收益良多。

站在现实的角度来说，好的教养就好比一把精美的钥匙，既让他人赏心悦目，也能开启人生的智慧与财富之门。

也就是说，好的教养，既能共情，又能功利。并且，我们可以总结出好运与教养的辩证关系——教养越好，给人的印象也就越好，别人就越愿意帮你。

教养如清风，如朗月，让人谦逊温润。让人即使迎面撞上疾风骤雨，也不会暴跳如雷，能坦然面对人生起伏，能淡然面对阴晴圆缺，活出洒脱、美丽的人生。

简而言之，你若盛开，清风自来。

美学家张世英说："人生四种境界：欲求境界、求知境界、道德境界、审美境界，审美为最高境界。"

有教养的人，就是努力追求更高境界的美。

我想，他们大概就是那一类身处急流却能在心中修篱种菊的人。

他们能与人心平气和地讨论任何事情，遇到不公、不敬、不平也不会方寸大乱如临大敌；他们的手犹如魔法棒，大脑犹如智慧库，凡事经由他们处理，混乱变有序，难堪变和谐，尴尬变温馨，呆板变有趣，如同夜来香绽放。于安静中，不知不觉已改变不利现状。

用餐：越是孤独，越要吃饱

米格格

一个人待得久了，就会忘了什么是孤独。

但是突然有一天，热闹起来，遇见相谈甚欢的人，情绪便如洪水决堤，倾泻一地。好的，不好的，都以最真实的样子出现了。

只是，喧嚣过后，重新回到一个人的日子，不免怅然若失。

国庆长假，我约了三两好友来家里小酌，平时空荡荡的房间顿时多了几分人气。一年下来，这样的热闹不会超过三次，大部分时间，只有我一个人在房子里来回走动。

朋友说，你家很整洁啊。

这是一句很讨人喜欢的话，可我心里没有被夸赞的愉悦，真相是一个人活动的空间有限，收拾了一次便许久都不会再碰它，除了落一层薄薄的尘土，自然不会怎么凌乱。

静下心来琢磨，与自己相处不错的朋友，大都也是比较“独”的人。彼此有自己的爱好，有过独自旅行的经历，沉浸在自己的世界里，不会焦灼不安。

倒也不难理解，喜欢热闹的，总会隔三岔五呼朋唤友聚餐约会。坦白说，这是我比较不喜欢的一种模式。越是身在人群中，谈论着无感的话题，我越是觉得冷清，总想早一点结束，尽早逃离。

那一刻，我会觉得，孤独真好，无须违心，亦不必妥协。

每一个孤独的人都像刺猬，周身长满了尖利的刺，让人不敢或不想靠近，即使是同类，也难以掌握一个安全的距离，保证彼此不会受到伤害。多数时候，孤独的人就只能安静地躲在角落里，独自体味着所有的喜怒哀乐——快乐是一个人的，悲伤更是一个人的。

廖一梅说过——“在我们的一生中，遇到爱，遇到性都不稀罕，稀罕的是遇到了解。”

这一刻你的心翻滚着波涛巨浪，可在旁人眼里看到的却是唇边的一抹微笑，那笑容的背后究竟隐藏了多少故事，没有人知道。

多少情愫，多少酸楚，都得在无眠的深夜，自行了断。

孤独，由此而生。

朋友离京前，给我网购了一些餐具。她说，下次来的时候，想尝尝西餐。

我期待与她的再次相聚，也愿意为她下厨做饭。对待在意的人，我最好的表达方式就是给他们做饭，满足他们的味蕾。那种温暖和甜蜜，胜过任何有名气、有情调的餐厅。再好的餐厅，终究抵不过家的温馨，而孤独的人，最需要温暖。

这一年，我看到身边几位亲密的友人，都在遭遇着不同的低潮，是那种任你说再多安慰的话也无法起效的低落。我不会说太多安慰的话，就只会叮嘱他：记得好好吃饭。

越是孤独的人，越是孤独的时刻，越要照顾好自己的胃。

《孤独的美食家》中有一句话："不被时间和社会所束缚，幸福地填饱肚子的时候，短时间内变得随心所欲，变得自由，不被谁打扰。这种毫不费神吃东西的孤高行为，正是平等赋予现代人的——最高的治愈。"

美食，有治愈孤独和痛苦的力量。你可以吞下一大口半熟芝士蛋糕；你可以去尝一锅刺激味蕾的辣火锅，让身体在热气腾腾的水汽中跟着暖起来；你也可以自己做几味清淡的小菜，斟半杯红酒，独自小酌。

心孤独了，就让味蕾先去感受生命、感受生活，慢慢调动内在的力量，找回那个可以享受孤独之乐的自己。

十一假期的最后一天，朋友都回归到了各自的轨道，明天的日子又将恢复如初。

北京的秋雨淅淅沥沥地下了两天，空气湿冷，坐在房间里只感到丝丝寒意，泡了一杯枸杞红枣茶，依旧暖不了冰凉的手脚。

我忽然意识到，是沉寂的空间唤醒了孤独，那一股烟花散落、聚后别离的忧伤，丝丝缕缕涌上心间。于是，我放下工作，放下情绪，走进厨房，为自己准备一顿温暖的晚餐。

身在异地他乡的你，若也有那么一点点孤独，千万记得别饿着自己。

越是孤独，越要好好吃饭。

健康：世上除了生死，都是小事

玄窗雪

朋友们告诉我，欢病了，正在住院。我很震惊。想起不久前才看到她，那时她看上去还算健康，怎么说就住院了呢？

欢是个事业心很强的女孩，大学毕业后，和朋友一起创业。从开网店做起，筹得第一桶金后，她就另立门户，开了自己的室内设计工作室。创业之初是极其艰苦的，吃过亏，受过骗，不知摔了多少次跤后，她的工作室终于渐渐好转。她打下了属于自己的一片天地。

这些年，为了把事业做大，她每天都把工作排得满满的，经常熬夜。为了节省时间，她总是吃快餐食品。她一直说等我把这段工作完成，一定要让自己好好休息几天。

结果，工作总是一件接一件，没完没了。她给自己的承诺从未实现，她的身体一直在超负荷运转。但她认为自己年轻，能扛得住，一次次地放弃了给身体调整的机会。这次，在与客户洽谈业务的时候，她因心脏病突发，晕厥了。幸亏抢救及时，总算活过来了。

我去看她的时候，她已经醒了。整个人很虚弱，往日的干练劲儿消失了，我只看到她一脸的倦容。

她说以后再也不会亏欠自己的身体了。

人生最重要的，当然是过好自己的每一天。我不知道这一次在生死线上挣扎过的她，是不是真的能善待自己的身体。但我知道，任何东西在生死面前，都显得那么渺小，那么微不足道，比如名誉、金钱、地位……没有了健康，一切都是零。

我们总说，年轻就是资本，很多东西错过了，失去了，还可以重来。但有一样东西，是任何人都输不起的，那就是健康。

很多年轻人总是忽视自己的健康，工作熬夜，夜生活泛滥，吃垃圾食品……直到身体吃不消了，才追悔莫及。人往往就是这样，拥有的时候不知道珍惜，失去了才懊悔。

其实，有什么比健康地活着更要紧呢？以牺牲健康为代价换取的东西，值得不值得呢？随着健康水平的降低，我们的生活质量也会随之而降。我知道，你有许多的梦想等待实现，你有许多的风景没有看过，有很多地方没有抵达。但如果没有一个健康的身体，所有的愿望都将归于幻灭。

因为年轻，想追求的东西太多了，觉得什么都不能少。可是我们却总是把最重要的健康给忽视了。人生在世屈指算来不过数十年，健康是一天，病痛也是一天；快乐是一天，不快乐也是一天。我们为什么不健康地快乐地生活呢?

拥有健康的身体，才能拥有高质量的生活。这些说起来简单，做起来也不复杂的事，却需要我们养成坚持的习惯。你有足够的理由佩服那些能够坚持的人，不信的话，你去做。做到后来，你会发现自己也被很多人佩服呢。

有了健康，并不等于有了一切，但没有健康就等于没有了一切。所以要记住，只有拥有健康的身体，才可能拥有更美好的生活。

清洁：我对洗澡的坚持

黄竞天

很早以前，我就想要写一篇关于洗澡的文章。

我每天洗澡，有时候还一天两次，每次三十分钟，这比我睡觉的时间短，但比我吃饭的时间长。所以对于我来说，洗澡是人生的一件大事，洗一个舒服澡也是人生中第二重要的事，仅次于有一个舒服的被窝。

但是我迟迟没有能够动笔，主要原因有两个：

第一，洗澡带来的舒适和快感是很私密但又转瞬即逝的。

当水流哗哗地冲刷着身体的时候，我心里像是绽开了五色烟花一样感触万千，但一关上水，擦干身子，接触到干燥而又冰冷的空气，立马就会觉得从美丽的梦境中惊醒，一切美好的感触都消散殆尽。所以，想要写洗澡就必须要快，最好是一边洗一边写，写下当下所有的感受，才能让人感同身受。

第二，每一次洗澡都太让我舒服了。

舒服的环境让人产生倦怠，让人不由得就想往被窝里钻，根本没有心思披着湿漉漉的头发趴在电脑前码字。所以，我会把洗澡这件大事放在睡前，一从浴室里出来就马上躺到被窝里，让暖暖的被子代替浴巾裹住我的身体，棉质的被套温柔地吸附了身体上最后一点潮气，像是温暖的亲吻一样，这样睡去，我觉得是最舒服的了。

在吃的方面，我可以不挑剔。但是对于洗澡就不同了，我忍受不了阴冷透风的浴室，也忍受不了冰冷刺骨的冷水管道。大四的时候，因为只能在开放时间短、故障率高、水流湍急、时冷时热、四处透风的公共浴室洗浴，我在宿舍住了不到半年就搬了出来。

入浴条件不佳，成为我否定一个住处最大的原因。在一天的忙碌之后，最需要的就是好好洗个澡放松一下身心。其实我的要求也不高，对洗澡的条件只有两个，一是水流大，二是水温热。只要做到这两点，就能够满足我关于舒服的标准了。

对于我来说，我洗过的每一个澡都像是和性感女郎幽会一般，都会让我牢牢地记住它的感触。

洗澡的前奏，是带着一种朝圣的心情，将自己剥去衣物的束缚。

打开水龙头，等待水流出来的零点零几秒的时间空当里，心情是紧张的，第一滴落在我身上的水究竟是过冷还是过热？这种心情就像是赌徒在等待庄家开揭晓那一瞬间的心情。若是水流太冷，落在身上马上就会起鸡皮疙瘩；如果太热则会烫伤；不冷不热，刚刚好的时候，心情就像中了大奖一样愉悦。

让水流打湿全身只是一道开胃菜，但是开胃菜的好坏决定了有没有胃口吃正餐。在调好水温之后，我就会放心地让自己的身体完全沐浴在水流中。水流温暖而稳定，从头顶洒下，冲刷着我的肩膀，顺着背部的线条，急淌而下。我把脸整个扬起，让水流直接冲击在脸上，油腻和污渍被一点点地冲掉，在人前的妆容、面具也一并冲掉，露出我清清爽爽的肌肤。

此刻的我，脸上应当是褪去人前的矜持后最本真的表情，也是最舒服的表情。一般来说，人的社会经验越丰富，越难露出这种表情，只有洗澡、睡觉、独处发呆的时候才会出现。

不用微笑、不用专注、不用犀利、不用温柔，彻底放空自己，让嘴角舒服地放松，让眼睛轻松地眯着。

每个人洗澡的重点不同，对于我来说，洗澡的重点在头发。被水流打湿的头发紧紧地贴着头皮、脸颊、脖颈，垂在胸口，不论如何蓬松的秀发在水流的浸润下都会变得服服帖帖，温顺得好似恋人的爱抚和亲吻。女生洗头都不易，一头长发看着漂亮，却要用香波、护发素、发膜等等多道程序来养护，在一遍一遍地涂抹、冲洗的过程中，感受着头发一点一点地变得柔顺富有光泽，是一件非常幸福的事。

沐浴的幸福感，当然首先要选一块舒服的，又带有花香的香皂来清洁。我用过的最好闻的香皂是一块橙子味的香皂，气味清幽，触感温柔，每当用这块香皂擦身的时候都能够感受到它的美好。洗完了澡，它的气味还缱绻缠绕在身上，久久地诱惑着我的神经。

用香皂擦身的过程是一个和自己恋爱的过程。香皂与水相遇产生丰富的泡沫，再把这种光滑诱人的泡沫涂抹在自己的身上，仰起头，从脖颈到肩膀，再到手臂、胸部、背部、腹部、腰部等每一寸肌肤都滑得冒泡。这时候再用洗澡绵擦身，略有摩擦感的海绵透过光滑的香皂，直抵皮肤，有一种无法言喻的快感。乳白色的泡沫，像是给身体穿上了一件乳白色的蓬蓬裙，浪漫而俏皮。香皂的润滑和洗澡绵在我身上如鱼得水般地游走，抚摸着我全身的皮肤，令人身心愉悦。

用水把身体冲洗干净的时候是最能够放空自己、获得灵感的时候。周星驰曾经说，他灵感最多的时候，就是在淋浴的时候。当水流不断地冲刷着自己的身体，将身体里的疲惫和肮脏带走，此时，热气腾腾的浴室里是宁静的，但是洗澡人的脑海里却是思绪奔涌的。

洗澡的时候，卸下了所有的束缚，再加上是在完完全全属于自己一个人的私密空间里，人会格外放松。有的人会边洗澡边唱歌，因为浴室里回音大，音效好；我在浴室里总是浮想联翩，这也是一种放松，这些点子都很有趣很精彩，但是都像是梦境一样，洗完澡就忘了。

洗完澡，擦干身子，湿漉漉的头发上不断有水珠滴下，睡衣的胸口会湿一大片。心里总是对洗澡还恋恋不舍，这时就给自己抹点润体乳或者做个面膜，用滋润的护肤品让自己继续回味刚刚结束的身体的盛宴。

对我来说，洗澡早已经不仅仅是清洁身体，更是一种情趣，一种自爱。

心态：比婴儿肌更重要的是少女心

陈子淏

当王姐告诉我她的年龄比我大一轮的时候，我有点儿不敢相信。从长相上来看，她也就大我五六岁的样子。但是如果以性格论，说她比我年轻几岁也不为过。

说她勤于保养吧，一点儿也不像。她平时上班都是素颜，偶尔也只是涂个口红。这样的性格，应该不会在脸上花太多时间和精力。除了保养那就是打扮了，但王姐每天都穿得很简单、很随意，标准的女记者模样。思来想去，我终于找到了原因：王姐显年轻是因为她心态好！

王姐老说自己是“中年大妈”，但她绝对是我见过的心态最好的“大妈”。虽说她是栏目组的制片人，但一点儿架子都没有，出了错，就像小学生一样乖乖地认错；吃饭的时候，和我们一起聊八卦、美食、电影；每天说得最多的不是抱怨婚姻与家庭，而是哪家的菜特别好吃，哪个地方值得去玩……

每次做完片子，王姐总是对我说："你这标题太生硬，不接地气，你要多加点儿时尚流行的词语。"每次听她审片子，我都会觉得，这位比我大一轮的姐姐，思想比我还年轻。

或许在王姐心里，她就是一个二十多岁的小姑娘，虽然嫁了人，当了妈，但仍然保持着那颗少女心，她也是用那样的方式对待身边的人，用那样的心态去生活的。

当你学着用二十多岁的心态去生活时，生活也会给你二十多岁的样子。

女人都怕老，过生日永远都是"十八岁"。当然你可以在蛋糕上只插十八根蜡烛，却不能真的让自己永远停留在十八岁。既然时间无法停留，那就努力显年轻吧！能让一个女人显年轻的，似乎只有两种东西——婴儿肌和少女心。前者易逝难求，后者却可得。

钟丽缇在第三段婚姻中嫁给了小自己十二岁的"小鲜肉"，不少女生都羡慕年近五十的钟丽缇还能那么年轻。其实钟丽缇在刚离婚的时候是特别显老的，皮肤松弛，身材走样。但她后来整天和两个小女儿待在一起，被孩子感染了，心态也就变好了。她开始重新打扮自己，坚持健身，没过两年又美了回来。

美国著名超模卡门·戴尔·奥利菲斯八十三岁还在T台走秀，堪称传奇。除了满头银发和皱纹，她在其他方面完全如同一个少女。

当你在内心告诉自己“我还很年轻”的时候，你自然会按照年轻人的方式去生活。但如果你在内心告诉自己“我已经很老了”，那么你也会按照大多数中老年人的生活方式去生活。

我妈在过完三十三岁生日的时候，就觉得自己很老了。陪她去买衣服，她会径直走到中老年服装区；每当我爸给她挑了一条漂亮的裙子，我妈就赶紧摆摆手说：“这不是我这个年纪穿的。”然后转身去挑了一件中老年人最喜欢的印花短袖。

我爸总是忍不住说她：“谁告诉你衣服一定要分年纪的，只要穿上好看，无论你多少岁都可以穿！”

我爸说得对，我妈身体还没老，心却已经老了。她不断地暗示自己“我已经老了”，然后放弃自己应该有的美丽，让自己“加速衰老”。

后来，我妈在三十六岁的时候成为高龄产妇，生了我妹妹。都说女人生了孩子会变老，但我妈自从生了我妹妹之后反而变得年轻了，买衣服不再往中老年区跑，年轻人流行的花色和样式她也想尝试。我问她：“你现在怎么比以前会挑衣服了啊？”她抱着妹妹对我说：“每次看到你妹妹，我就觉得自己还是个四岁孩子的妈妈，自然要穿年轻些！”

再贵的眼霜也不能阻止长皱纹，再好的面膜也补不齐流失的胶原蛋白。能让你保持年轻的，不是婴儿肌，也不是玻尿酸，而是少女心。

什么是少女心？少女心，不是已经成人却还不断地犯低级错误，也不是穿件大龄童装，抱个毛绒玩具。少女心，是永远保持当初的纯真、倔强、梦想和情怀，是不断地告诉自己："我还年轻，我的生活还可以折腾，我还可以和好姐妹聊八卦，和朋友谈爱情和梦想，我的生活还有无穷的可能性……"

希望你到八十岁的时候，即使头发花白，皱纹满脸，也能活力满满，拥有少女心。

专注：所谓成功，就是把一件事做到极致

未末小七

橘子姐又换工作了，我已经记不清这是她毕业三年来换的第几份工作。从外贸销售到房产中介，从售楼小姐到公司前台，她都尝试过。

每份工作至多半年，橘子姐就觉得自己干不下去了，因为她发现公司的弊端越来越多，同事之间钩心斗角，工作任务繁重，老板缺乏管理能力，公司规章制度形同虚设……

橘子姐是个直性子，公司里的种种不合理都让她忍无可忍。她认为，自己只是一个小员工，公司大环境如此，自己虽然无法容忍，但也无力改变。既然改变不了大环境，那就先从改变自己着手。于是，她选择跳槽。

南京的公司那么多，总不会每家公司都是这样。橘子姐不断地跳槽，一跳、二跳、三跳……

别人跳槽是越跳职位越高、工资越多，而她恰恰相反，跳来

跳去，工资越跳越低了。第一份工作，她一个月还有四千元的工资，三年跳下来，每个月的工资只有三千元不到。

她越想越郁闷，觉得人生真是没意思，眼看着自己即将三十，她开始心慌了。

有天晚上她失眠，打电话把我喊起来陪她聊天。

她说："要死了，要死了，我现在好迷茫，你快给我出个主意。"

"以前我就劝过你换工作别这么勤，你总是不听，还振振有词地说只有多换工作才知道到底哪种工作最适合自己。现在怎么样，换了一圈，感觉如何？"

她笑嘻嘻地说："换了这么多种工作，虽然没发现自己最适合什么，但知道了自己最不适合什么。"

呃，好像也蛮有道理。

"那你接下来打算怎么办？"我问她。

"我就是不知道接下来要做什么，才想让你帮我分析一下啊！"

经过一个多小时的分析，橘子姐最后决定重新回归老本行——外贸销售，因为她英文不错，也喜欢和客户在网络上沟通交流。再者，她大学期间的专业就是商务英语，也算专业对口。

"橘子姐你这次一定不要再轻易换工作了，要不然你每一份工作都是浅尝辄止，就算换一百份工作，也不一定能学到很多东西。"

“必须的，放心好啦！我想通了，这次一定不会再怨天尤人了。以前觉得做外贸销售压力很大，工作换得多了也就看透了，没有哪个工作是轻松的，换工作解决不了实际问题，不断提升自己的能力才是王道。”

而后，橘子姐确实改变了很多，她不再抱怨，不再嚷着跳槽，而是静下心来，努力把现在的这份工作做得好一点，再好一点。

皇天不负有心人。半年后，橘子姐的业绩终于得到了老板的认可，不仅加了薪水，职位也提升了。

其实一个人要想快速进步，要想在某一行业有所建树，只需把自己最想做的事做好就可以了，精益求精，把一件事情做到极致，就可以超越同行业的很多人。

很多事情之间都有连锁反应，你努力把事情做到极致，也就意味着问题迎刃而解。

看到橘子姐的进步，我替她高兴的同时不禁想到了自己。从小到大，我有过无数梦想，可是直到现在也一事无成，因为我做事总是三心二意，今天觉得学这个不错，明天又想学那个，从来没有静下心来，认认真真地把一件事情努力做到极致。

就像那个“狗熊掰棒子”的笑话一样，先掰一个夹在左胳膊下，再掰一个夹在右胳膊下，一边不停地掰，一边棒子不停地掉，忙碌了一天，最后只收获一个。

有时，同时惦记着去做几件事，反而得不偿失，最后不仅注意力分散，人也搞得很疲惫，无法达到预期的效果。

有一句话叫心有余而力不足。能力不够，心气又过高，那么注定会一事无成。现在想想，如果自己一直专注于写作这件事情，努力把它做到极致，也可以有所收获吧。

没有哪种成功是一蹴而就的，没有哪个人可以轻而易举地功成名就。你看到的那些比你优秀的人，都是从无数的艰难困苦中熬出来的。

当你看到他们站在闪光灯下成为让你羡慕的那个人时，你以为他们是一夜成名，却不知道他们在某个领域默默地坚持了多少年。

六神磊磊多年来只坚持做一件事情，那就是读金庸的武侠小说。他不仅善于分析小说里的人物，而且努力把小说中描写的江湖与社会现实结合起来，所以他获得了超高的人气和超多的关注。

金庸的武侠小说自出版以来备受人们追捧，可是为什么只有六神磊磊火了？

因为很多人读金庸的武侠小说只是享受关注故事情节，浅尝辄止，而六神磊磊不仅读了很多年，还把读金庸小说这件事努力做到了极致。

看到六神磊磊大火之后，很多人都在想：“金庸的小说就那么几套，早知道我也搞一个读金庸的微信公众号，没准比六神磊磊还要火。”

有的人甚至效仿起来，但没有一个人能再获得六神磊磊那样大的名气。

有人会说，六神磊磊火得早，所以后来者很难超越他了。其实并不是这样。如果你能独辟蹊径，把金庸的武侠小说分析得比六神磊磊还要有趣、有料，你也会赢得很多读者。

关键在于，你是否能把这件事做到极致。

在同质化如此严重的今天，要想脱颖而出，就必须有鲜明的个人标签，所以你首先得选择一个点，做到最专业、最极致。

喧嚣的社会，很多人都在宣称自己多才多艺，但让他们展示才华的时候，却没有一项能拿得出手。

不管别人说什么，他好像都懂，不管别人做什么，他好像都会，可是真要让他展示自己的时候，他却突然怯场，即便有所表现，也无法让人心悦诚服。

他看似才多艺广，其实只是半瓶子醋。他说的别人都知道，他会的也只是略懂皮毛，而别人要的却是专业与精深。

秋叶老师火了，因为他PPT做得好。

很多人听到这个就暗自好笑，PPT大家都学过，谁不会做呀！

可是人人都会的东西，不一定人人都能做得好。就像做饭一样，谁都会炒几个小菜，却不是人人都可以成为名厨的。

这里说的做得好，不是会做的意思，而是做到极致。

秋叶老师就是把人人都会做的PPT做到了极致，就像武侠小说中，只要是闯江湖的人，谁不会三拳两脚的武功，可是这并不代表会武功的都是高手。

千招会不如一招熟，只要把一样技能做到极致，你就是能人。十八般武艺，精通一种便可平步天下。

人生只有短短几十年，哪怕你精力再充沛，也不可能面面俱到。做得多不如做得精，一个人一辈子如果能把一件事做到极致，那就是最大的成功。

目标越多，越会像个无头苍蝇一样不知所措。倒不如学学匠人精神，沉下心来，一辈子专注于一件事，并且努力把它做到极致。

就像摄影大师楼宇浩说的："要么不做，要做就做到最好。因为把一件事做到极致，你就赢了。"

成功其实不难，只要我们专注地去做一件事，并且努力把它做到极致就好。

专注与简单看起来容易，其实是最困难最复杂的，心无旁骛考验的是一个人的坚持和毅力。

乔布斯说："专注和简单一直都是我的秘诀之一。简单可能比复杂更难做到：你必须努力理清思绪，从而使其变得简单。但最终这是值得的，因为一旦你做到了，便可以创造奇迹。”

愿我们都可以静下心来，专注于一件事情，并努力把它做到极致。一旦你做到了，便离成功不远了。

NO.4

你想念的人和事，

都能在仪式里相逢

寄托：你想念的人和事，都能在仪式里相逢

青柠

“我们为什么要结婚？”相信很多人和我一样，对这个问题充满好奇，而又不得其解。

看一个姑娘的微博，她说她忽然发现在某个时间节点上，身边的朋友似乎约好了一般，纷纷步入婚姻的殿堂，举办了人生那个阶段的重要仪式。

她曾经是个执拗的孩子，妈妈让她早点结婚，她说，反正结不结婚都一样，为什么要结婚呢？

我曾和这个姑娘一样，觉得结婚是一件很可怕的事情。我害怕离开自己熟悉的地方，熟悉的环境，和一个新人成为最亲近的人。

直到我终于找到此生挚爱，才明白谈婚论嫁并不是那么令人恐惧，而是一件水到渠成的事。

在婚礼上，我按当地的习俗给长辈敬茶。妈妈对我说：“从今

往后，你就是大人了。”

这个“大人”，如同突然击中心底的魔法般消解了我对未知的恐惧，让我获得了无穷的勇气。

在婚礼仪式中，我对未来有了许多期待和憧憬。新的家庭，新的人生，如同一幅画卷，在我的脑海里徐徐展开。

那是我第一次有了属于我自己的家的概念。

每逢春节来临之际，中央电视台都会播放关于回家的小短片。我泪点低，每次看到这些小短片，都会泪湿眼眶。

我的一位朋友说，虽然回家会有很多琐碎的事，跟父母也难免有些小矛盾，但是这些东西共同构成了一个奇异的综合体，每当想起这个闹哄哄的地方，就能直击最柔软的心底。

是的，无论何时何地，只要我们想起家，都能找到那些温暖的安慰。

有个师妹，她的父母在一场车祸中不幸身亡。她告诉我，虽然父母不在了，但是她每次都能在祭奠父母的仪式中，找到自己想要的那种感动，回忆起家曾经带给自己的温暖，感觉父母其实并未离自己远去。

她说，人生在世，总有一些特别在乎的东西，她必须用一些行为来标记。

这位师妹让我想起了一部电影《寻梦环游记》。在这部电影里，死去的人每年都会在一个固定的祭祀节日里和亲人们“团聚”，那些照片被供奉，享受着祭祀之礼的人就能“找到”自己的亲人，而另外一些被亲人忘记，不再被供奉照片的人，也会彻底从冥界消失。

影片给出这样的解释：一个人其实有两次死亡，第一次是肉体意义上的去世，而第二次死亡，则是所有人都不再记得你。

有人说，那些关于爱，关于包容，关于人生的记忆，需要一些想象。我们在想象中，才能获得心灵上的安慰。而那些有爱的仪式和行为，正是给我们这样的想象做标记。

我曾经在书中读到过这样一句话：“中国这么大，你可能不认识大多数中国人，也没有去过中国大多数地方，但你始终会觉得自己是一个中国人。我们就是用了各种各样的仪式，来实现彼此的认可与甄别。”

仪式之所以重要，不是强化精神或者物质，而是将二者相连，将外界的物质与我们心中所理解的世界结合起来。个体的心灵必然是孤独的，因为一个人的理念必然与别人不同，甚至无法表达。

人为何需要仪式，不过是因为我们需要在身外的世界和心中的世界之间建立联系。当我们离家闯荡，提到关于家庭的记忆，每个人都会想到“温暖”二字。这样的温暖，被一个个团聚的仪式，变成了有形的回忆。

如今人们的物质生活更加富裕了，但人们在忙碌中，却缺失了对仪式的期待，缺失了对意义丰富的仪式感的想象。我们所有的期待被忙碌一次次冲散，找不到具体的形式。

家的美，团聚的仪式，其实是被我们自己的忙碌消解了。我们的内心如此脆弱，其实只是在掩饰我们面对这个世界的焦虑与惴惴不安。

也许，当一切都被瓦解，一切都崩坏的时候，缺乏想象力的我们才会迎来一次痛击。如果我们总觉得缺少点什么，那是因为我们越来越缺乏对仪式的感知能力与想象能力。

从现在开始，从每一次想象开始，从每一件小事开始，让我们找回缺失的仪式感吧！

守望：为你留着一盏灯

黄竞天

半夜失眠的时候，我在黑暗中爬起身来给自己倒了杯水喝。从卧室的窗口望出去，对门邻居的窗口还透着灯光。我知道，李老太太一定又在窗口守望着，像一块年代长久的望夫石，一夜一夜地守望着爱人的归来。

读小学六年级的时候，我搬到了现在住的这座楼。这是一幢欧式风格的老公寓，我家住在五楼。从卧室的窗口望出去，是一个郁郁葱葱的小公园。

“新搬来的？”一个柔柔的声音从不远处传来，我转头一看，一个穿着深蓝色改良旗袍裙的老太太正站在对面的窗台，笑盈盈地望着我。

那是我第一次见到这位对门邻居李老太太，然后又认识了她的丈夫，高高瘦瘦、头发花白的杨老先生。“这是老杨。”李老太太向我介绍。“有空来我们家玩，让老杨给你做好吃的。”杨老先生在她背后微微点了点头，有些严肃。

爸妈工作忙，晚上常常加班，于是对门就成了我的“食堂”。杨老先生的菜做得非常好吃，雪菜炒毛豆、炒粉干、千张包儿、油爆虾……全都是地道的杭州风味。

这对老夫妻是老杭州人，他们将最好的年华交给了国家的下乡政策，等到再回杭州时，已是人到中年。他们唯一的女儿在美国，有了自己的家庭，一年难得回来一次。李老太太常常拿出她女儿的全家福给我看，还颇为自豪地告诉我，女儿已经在美国买了房，买了车，生了两个孩子。李老太太拿着照片看来看去，脸上慢慢地浮起一层落寞。

每天我放学回家，只要一听到对门厨房里传来的炒菜声，就知道今天又有好吃的了。

李老太太很和气，她总是把好菜都夹到我的碗里，在她眼里，我是一个营养不良的小孩。杨老先生吃得不多，他总是看着我狼吞虎咽地吃着他做的小菜。他向来话不多，我甚至会觉得他就是一个固定的人像，一动也不动地坐在那里。

李老太太原来是个工人，后来工厂效益不好，她也就早早地退休了。杨老先生还在工作，他是一名出租车司机，开夜班。我不知道为什么他年纪这么大了，女儿的经济实力也不差，可还要这么辛苦地工作。

吃完饭，杨老先生就要出发去工作了。李老太太每天都会提前为他泡好一壶龙井茶。在把茶水交给杨老先生的同时，老太太还会嘱咐一句“早点回来”。晚上，李老太太总是一个人在家，所以有时我爸妈出差不在的时候，我也会陪李老太太一起睡。

其实我不喜欢睡在李老太太家，因为她睡觉时总是开着灯。她床头的那盏小灯在夜里显得特别亮，总是让我难以入睡。李老太太常常会轻轻拍着我的背，安慰我，只要静下心来就马上会睡着。她的声音柔柔的，我听着听着也就迷迷糊糊地睡觉了。

我觉得她似乎从来就不用睡觉，有时候半夜睁开眼，还看到她趴在窗口，一动也不动，像一块石头。我也问过她为什么不睡，她说是要亮一盏灯给老伴。“杨爷爷都这么大了，难道还会认不得路吗？”我问她。她笑笑，但我还是从她脸上看出了一丝落寞。

我心里暗想，也许老年人就是睡眠少吧。我翻个身又睡着了，等我醒来，天已经蒙蒙亮，床头灯却还没关，李老太太也不在房里。客厅里飘来了饭菜的香味，我睡眼蒙眬地起来一看，杨老先生已经出车回来，坐在客厅里喝粥，李老太太在厨房里忙进忙出，端出包子、油条几种小菜。看到我，她就热情地招呼我吃早饭。她脸上满是欢喜，和昨晚完全不同。

“杨爷爷，你是不是不认路呀？”我问他。

杨老先生放下手中的碗，感觉有些奇怪，他反问我："我不认路的话，还怎么开车呢？"

"那为什么李奶奶晚上还要给你留灯呢？"

"小孩子不要乱说，快吃饭。"李老太太打断了我的话，把一个大肉包塞进我嘴里。

"你赶紧去休息一下，累了一晚了吧？"她对杨老先生说。杨老先生点点头，离席进房休息。李老太太又跟着他进房，一会儿问被子够不够，一会儿问要不要喝水，简直把杨老先生当成了小孩，一点也不像个一晚没睡的人。

回到家，我把这件事当作笑话讲给妈妈听。妈妈却对我说："傻孩子，人家那叫恩爱。"

恩爱就是晚上不睡觉吗？我满心疑惑。

长大后我就很少去对门蹭饭了，后来上了大学，半年都回不了一次家，也就渐渐淡忘了对门那对老夫妻。直到我过年回家，看到对面冷冷清清的，一问妈妈才知道，杨老先生一直有心脏病，最近几年随着年龄增长，身体的机能也在退化，几个月前，他彻底病倒了。唯一的女儿在国外，李老太太也不肯请看护，一直自己在医院里陪他。

我去医院看望他们，躺在病床上的杨老先生戴着氧气面罩、插着输液管，原本高大的他瘦得不成人形。李老太太坐在他的病床前，看到我们来了，猛地一起身，没站稳趔趄了两步，险些倒在地上。我们赶紧上前搀扶，好不容易让她又重新坐回座椅上。许久不见，我发现李老太太的脸上第一次出现了倦容，圆润的身材也消瘦了不少，快要撑不起她身上的那件旧旗袍了。

“他现在很不好，清醒的时候很少。醒来后也没有胃口吃饭，喂他一点都会吐出来。”李老太太满脸忧愁地说，“晚上也很折腾，常常咳嗽，不舒服。”

我更关心李老太太的身体：“为什么不请一个护工？搭上了自己的身体健康，这又何必呢？”

李老太太固执地摇头：“我伺候老头子这么多年了，他的生活习惯只有我知道，别人做不好的。”

离开医院以后，妈妈悄悄告诉我，李老太太非常固执，女儿以前也给她请过护工，可是都被她用这样那样的理由给辞退了。连医生都劝她应该雇用专业看护，但是她还是坚持要自己陪病人。医生说再这样下去，只怕李老太太的身体也会垮掉。

我问妈妈为什么李老太太要这样固执。“年纪大了，相守一生也不容易，所以有的时候想不开也是正常的。”

又过了半年，我放暑假回家。听说一个月前杨老先生的病情急速恶化，有一天人突然不行了。在医院发出病危通知的同时，长期疲劳的李老太太也倒下了。等到她缓过来的时候，杨老先生已经走了。

现在，李老太太已经出院回了自己家，可是经过这一番折腾，她的身体也很糟糕，精神上好像也出了问题，不吃不睡，还整日整夜地哭。妈妈让我给李老太太送饭去，我提着刚做好的几个菜，敲响了对面的房门。

过了很久，终于有人来开门。站在我面前的，是变得更加苍老的李奶奶。才半年不见，她的头发全白了，凌乱不堪，不知道几天没有梳洗。她更加瘦了，衣服空空荡荡地挂在身上。看到我，她无神的眼睛总算有了些光亮。

“天天回来了呀？”一句普通的问候，像是带着哭腔。

一餐饭，她没有动过几筷子，大多数时间都在啜泣。

她哽咽着和我讲了很多事，说到她和杨老先生的初次见面。当时两个人都在一个地方当知青，刚开始她也不喜欢这个并不帅的年轻人。那时候李老太太身体不好，总是生病，干不了重活，杨老先生就常常帮她、照顾她。后来回了家乡，两个人就结婚了。结婚后日子也不好过，那时候穷，杨老先生满世界借钱，就为了给她买鸡蛋补充营养。生孩子的时候，体弱的李老太太还一度难产，杨老先生一步不离地守在病床前，照顾她和刚出生的幼女。

“他伺候了我那么多年，现在终于轮到我要伺候他了，可为什么我自己这么不争气，身体这么差呢？”她捂着脸哭，撕心裂肺的哭声让人心疼。

那天晚上，我留在李老太太家过夜。她那么伤心落寞，我只想多多陪伴她。

夜晚还是那样宁静，如果不是早已知道，我会以为一切仍像从前一样，杨老先生出去开车，李老太太哄着我睡觉。但是这么多年过去了，我长大了，李老太太也老了，现实变成了需要我去安慰伤心的她。

她坐在床边还是不停地哭，嘴里念叨着：“我真没用，都怪我。”我拉着她的手，干瘪的皮肤下是一种几乎失去温度的绝望。

“奶奶，我们睡吧。”我拉着她的手说。

她点了点头，终于顺从地躺了下来。但是无论我怎么劝她，她都不肯关掉她床头的那一盏小灯。

“留着灯……给老头子回来……看路。”她虚弱地说。

那天夜里，我知道她一定又失眠了，像以前一样趴在窗口，希望看到杨老先生回家的身影。

回到家后，妈妈问我李老太太的状态是不是已经到了很糟糕的地步：“她女儿前几天还打电话来，问要不要去精神科给老太太开点药，都抑郁成这样了，还不肯找人照顾，自己硬撑怎么行？”

我没有说话。

夜很深了，城市里的灯火都灭了，安睡的人们早已经进入了梦乡。唯有那盏小小的床头灯，几十年不变地一直亮着，等待着未归人。

世界上最大的幸福，莫过于守望着你最爱的那个人。

无论他在触手可及的近处，还是在遥不可及的远方。

饮食：再忙也要好好吃饭

阿木

周星驰在电影里演过很多关于吃的片段。他演过很多极富市井气息的人物，而和人间烟火最息息相关的事情就是吃饭了。

和吃相关的电影、书籍实在是太多了，似乎再冷漠的人也向往着餐桌上的团聚，在那一刻，温馨满溢，疲惫消除，是一天中宝贵的美好时刻。

我曾经读到过一个关于吃的故事：

一个留学美国的女孩，为了减轻父母的经济压力，找到了一家美国的中餐馆打工。这家中餐馆的老板是个非常苛刻的人，大到餐厅的卫生，小到食物的摆放，事无巨细、从头到脚都是一丝不苟的严苛管理。每个在这里工作的员工稍有不慎就会被老板劈头盖脸地怒斥一顿，但由于这份工作能够带来丰厚的薪水，所以女孩一直努力坚持着。

令人讶异的事很快就发生了。

有一次，一位脾气暴躁的客人催着他们上菜，但正好赶上中餐馆员工的就餐时间。女孩怕老板生气，立刻放下手中的饭碗，准备去为客人服务。

她走出厨房，正好遇上老板，老板问她要去干吗。

她嗫嚅着说出了自己的意图，奇怪的是，老板这一次居然没有生气，反而让她回去继续吃饭。

当时，老板说了一句令她一辈子都难忘的话："干我们这一行的，吃饭是最重要的仪式，只有你从心里敬畏吃饭这件事，你才能把食物做好。我虽然严格要求你们，但是我也不允许有人在你们吃饭的时候打扰你们，让你们不能够体会吃饭的乐趣。"

老板的话令她十分讶异，那一次，她并没有为那位急躁的客人提供服务，以至于饭店遭到投诉，但老板并未因此批评她。

后来，再年长一些，她领悟到吃饭是一个家庭最基本的仪式，是串联起一层又一层的情感纽带。

食物，承载着劳苦大众朴素的智慧，是他们与自然美妙的配合，是他们对自然节律的感应，是他们对自然的尊重和感激，是他们毫不起眼的坚持，是他们对美好生活的向往，也是大自然对人类的馈赠。

吃饭的仪式，贯穿了我们一生。人们对它的尊重，是劳动的回馈，是情感的发酵。

网络社交平台上，有很多人会发布关于吃饭的视频和文章。他们把做饭与吃饭变成了一种仪式，在这个过程中，凝聚了最朴素的心意、技巧、期望和纯粹的快乐。

其实，在这个步履匆匆的时代，我们依然可以透过吃饭这件小事，窥见某些焦虑。那么忙碌了一天后，就踏实地享受餐桌上的美味，忘记人生的压力，只单纯地感受吃饭带来的快乐吧。

吃饭这个仪式，在日常生活里，印证着家人之间的关系。

我今晚回来或是不回来吃饭，这句话中蕴含着无限的情感。

回来吃饭，是丈夫对妻子的爱意，是家人对孩子的盼望。

《孟子·告子上》中说："食色，性也。"食欲和性欲都是人的本性，与我们每一个人、每一天都息息相关。

好好吃饭，享受食物和团聚这场紧密相连的仪式，餐桌是联结亲情最温暖的场所。

好好吃饭的仪式，是一场纯粹的享受，是一场追求美好生活最原初的仪式。

归宿：在你喜欢的城市，过上你想过的生活

魏文翼

前几天，刘冉在微信上跟我倒苦水。她说国庆假期回了趟老家，结果她母亲每天都在她耳边唠叨个不停，说她也老大不小了，是时候考虑结婚的事情了，还让她节后回去把上海的工作辞了，赶紧回老家找个对象，尽快把婚期定下来。

刘冉的老家在一个偏远的小县城，那里的姑娘，凡是过了二十七岁还没结婚，都会被打上“嫁不出去”的标签。而她们的父母，则要承受巨大的心理压力，每天活在乡亲们的闲言碎语中，感觉特别没面子。每次刘冉回家乡，总有些人会不怀好意地对她指指点点，那种被当作异类的感觉，让她非常难受。

刘冉喜欢上海，这座城市生活节奏快，到处充满着新的挑战和机遇。她每天早起挤地铁，一路小跑着去上班，跟时间争分夺秒。工作很忙，但日子却过得很充实，这样的生活才是她想要的生活。

在上海她身边有很多三十多岁还没结婚的女朋友，她们经济独立，追求高品质的生活。下班以后，刘冉经常会和她们约在一起吃饭、喝咖啡，聊聊八卦、美容心得和男人。对她们而言，婚姻从来都不是人生的必选项。如果没有遇到真正的意中人，就这么一直单身下去也无所谓。

她们普遍认为，低质量的婚姻，远不如高质量的单身。

作为一名独立的现代女性，刘冉一点儿也不想再回到那个封闭的小城市生活。那里的人们很少向往远方的星辰大海，总是想方设法地将年纪轻轻的姑娘塞进世俗的婚姻里相夫教子，从而扼杀她们人生更多的可能。

老杨的家乡是一座三线小城市。大学毕业后，他并没有像其他的同学一样，选择去更好的城市发展，相反，在家人的安排下他进了体制内工作。哪怕外面的机遇再多，老杨也从来没有想过要离开家乡。这里安逸舒适，没有高昂的房价，没有沙尘雾霾，生活节奏不紧不慢。老杨每天下班都会经过那条熟悉的老街，和老街坊打招呼，炊烟袅袅，周围的一切都充满着人间烟火的温暖。

老杨有一个感情很好的妻子和一个刚满一岁的孩子。每逢周末，他都会带上妻儿回去探望爸妈，一家人热热闹闹地吃顿饭，气氛特别温馨祥和。

如今老杨靠着工资供着一套三室一厅的商品房，每个月还会攒下一笔闲钱，打算以后出去旅游，生活过得有滋有味。

从老杨身上，我看到了人生中的另一种可能——一种不为名利和物质所绑架，只想随性而活的生活态度。

有这样一部分人，他们生来就没有太大的抱负，也无心追求荣华富贵，只想按部就班地过好自己的小日子，平平淡淡就是他们此生最好的归宿。

至于这种生活方式是好是坏，谁又有资格去评判别人呢？

芸芸众生有千千万万种活法，每一种遵循于内心的选择，都值得被尊重。

近年来，“逃离北上广”成了年轻人热衷讨论的话题。一线城市高昂的生活成本和巨大的竞争压力，使不少人黯然离开，剩下一部分人还在苦苦地熬着，等待翻身的那一天。

朋友小七大学毕业后就去了广州实习，一个人租了套房子，每月工资除去支付房租和生活费外，所剩无几。小七是跑业务的，每天晚上陪客户应酬完，为了省下打车的钱，基本都是走路回家。家门外的那条街晚上黑灯瞎火的，长得像是没有尽头一样。有时候，小七也会感觉自己撑不下去了，他不知道这种生活到底什么时候才是个头，茫然得看不见未来。身边不少同学因为实在坚持不下去，有的去了二三线城市发展，有的索性回了老家。

苦苦熬过一段日子以后，小七因为业绩突出，终于被公司提升为部门主管，薪水翻了不止一倍，总算是在这座城市站稳了脚跟。

当你站在人生的岔路口时，不可避免地会彷徨和无助。如果认准了目标，请不遗余力地坚持下去。熬过那个艰辛的阶段，一步一个脚印，把生活过成你想要的样子。

无论你选择了在哪里扎根发展，只要认清自己的方向，忠于自己的内心，那么等待你的，便是更好的明天。

当你选择了在某座城市发展，就意味着你选择了一种生活方式。你努力在这里奋斗打拼，赌上自己的青春和时间。不管以后的你有没有得到你想要的一切，这段经历对你的一生都必然有深刻的影响。

多年前看过一部美国电影《布鲁克林》。

爱尔兰少女伊莉莎离开了自己成长的家乡，远赴千里之外的布鲁克林，开始了背井离乡的全新生活。伊莉莎工作勤勉，不仅认识了一些有趣的新朋友，还找到了一个深爱她的意大利男友。当她收到母亲从爱尔兰寄来的家书时，却克制不住地泣不成声。

电影结尾处，有一句令人难忘的旁白："终有一天，太阳再次升起，一切悄无声息。你会开始思考其他事情，会挂念一个和你过去有过交集的人，一个只属于你的人。那时你就会明白，这就是你的安身之地。”

愿你在你的城市，过上你的理想生活。那个让你感到踏实而笃定的地方，就是你的归宿，你的心之所向。

心在哪里，家就在哪里。

拯救：一路奋战的人，虽败犹荣

青柠

电影《爱国者》里，有一位令我深深敬佩的法军上校。决战当天，他穿戴整齐，犹如即将参加某个盛典。他的上司问他，既然明知去赴死，何必穿戴得如此隆重。法军上校高昂头颅骄傲地宣布："就算是死，也要死得整洁。"

他一生都在战斗，但这次战斗是他心目中格外重要的一场战斗，他必须穿戴整齐，让这一天变得与往日不同，让自己鼓起勇气。

电影里展现出的那种英勇无畏的仪式感，令人动容，它让我认识到，勇于战斗的人，不能以输赢来评判。

我们生活在和平年代，大多数年轻人无法理解什么是战斗，但换个角度想，我们每天不都在跟生活战斗吗？

生活犹如一个暴君，时常会让我们感到世事艰难，让我们无数次目睹生命在各种重压下扭曲变形。但即便是这样也不要放弃，要挺过去。坚持，是优秀与平庸的分水岭。

有一个被转发了无数次的小故事：

一个人接连遭遇了几次挫折和打击，感觉自己已经走投无路，失去了继续生活下去的动力，只能把希望寄托于神佛。他来到一座庙前，虔诚地跪拜菩萨。转过头，他忽然看见另一个人也在跪拜，出于同病相怜的心态，他问对方是谁。

那个人笑了笑，说："我就是菩萨。"

他十分惊讶："你是菩萨，还要跪拜自己吗？"

那人点头说："不错，任何时候，求人不如求己，所以菩萨也需要拜菩萨。"

他幡然醒悟，立刻收拾心情回家了，把自己荒废已久的事业重新拾起，咬紧牙关重整旗鼓，后来终于获得了成功。

这个故事旨在说明一个道理——只有自己才能拯救自己。

人的一生总会遇到一些挫折，但是，人生最大也最难战胜的敌人是自己。因为每个人都在需要克服自己的惰性、拖延与塞责等弱点，但只有极少数人成功了。

我常常听到有人这样念叨：我学历很低，可又是一个争强好胜的人，我想变得强大，应该怎么做？该找个什么工作呢？或者是，我老公出轨了，我想忍，可是又不甘心输给那个女人，我应该怎么办？

大部分反复纠缠于同一个问题的人，都容易陷入生活的困境中，只有意识到问题并积极想办法改变的人，才能很快摆脱困境。

事实上，没有什么人能解救我们，生活中遭遇的困境，只有靠自身的努力才能改变。

除了自己，没有人可以成为你最后的堡垒。我们曾经依靠父母，可是父母只能陪我们走过前半生；我们也依靠过爱人，可爱情也可能会被现实击败。

我听过最多的话就是“我不行，这件事对我来说太难了”，从一句话里可以看出一个人的性格，畏难是普通人的心理，而迎难而上是强者的姿态。

人，只有在放弃战斗的时候才算输，只要在战斗，就还没输。说起来，一个人克服一点儿困难也许并不难，难的是能够持之以恒，直到最后成功。

我读到过这样一句话：“人活着就是为了含辛茹苦。”是的，你很讨厌自己承受着各种压力，内心经受着百般煎熬，可这就是真实的人生。确实，没有压力是过得舒心，但也肯定没有作为。扛起压力向前走，才能成就自己。

在困境中，我们常常幻想自己拥有无上的权力或超人的能力，仿佛这样，所有的困难都会迎刃而解。只是梦醒了后，发现生活还要继续，还要接着面对自己只是个普通人的现实，还得从点滴小事开始克服人生的困境，慢慢地摸索出一点掌控人生的技巧，日积月累达到自己的人生目标。

怨天尤人没有意义，这个世界从不相信眼泪，只相信努力奋斗。一个自我放弃的人，是不配得到他人帮助的。这个世界没有亏欠谁，没有人天生就该衣来伸手，饭来张口，任何人都要靠自己的努力才能得到，甚至有时候努力十二分，才能获得三四分的回报。

我们只能努力调整心态，迅速适应自己的社会角色，扛起无可逃脱的那份责任，在这个残酷的世界中找到属于自己的一席之地。

成长总是伴随着心酸。很多时候我们都在后悔，早知今日的艰辛，当初就应该多努力一些。可是惰性、拖延、放纵自我，这些性格弱点，要克服它们实在太难，即使付出极大的努力，也只能得到一点点成效。我们不得不时时提醒自己，不一点点剔掉这些性格上的腐肉，一切都会前功尽弃。

世界就是这么残酷，这是人生的真相。

我们永远都是孤独的，永远都在独自对抗这个世界，即使有了家人的陪伴，有了爱人的支持，我们的生活和生命中仍然有对方所不能理解的地方，需要靠我们自己去完成。在这样的现实中，我们只能靠自我努力，努力强大和完善自我。

在这个过程中，我们会进行一次次战斗。但只要我们能像电影《爱国者》中那位法军上校一样，作战前赋予自己简单但隆重的仪式感，就一定有勇气奋战到底，虽败犹荣。

成熟：用大把时间彷徨，用几个瞬间成长

轩雨幽冉

一次家庭聚会，说到一个亲戚家朋友的儿子，他叫木头。

木头大专毕业时就说要开一家公司，不再跟家里人要钱交房租了。可是过了一年又一年，他还在跟家里人要钱交房租。

木头的父母很有钱，但是年纪很大才生了木头。老两口老来得子，难免对木头过于溺爱。在这种环境下成长，木头从小就很懒，对父母呼来喝去的，自己什么都不做。上学的时候，每天都买麦当劳的豪华早餐，过生日更是大手笔，请同学们去海鲜酒楼吃饭，上了专科学校后就要求父母给买车。木头是家中独子，父母总是把最好的给他，他要啥就给啥。

很快，木头就开了一辆白色奥迪A4去学校上课。

那会儿，有个女同学长得很不错，木头就对她展开攻势。那个女同学也不是什么省油的灯，见木头对她有意思，就开口闭口要买这买那。

国庆节期间，女同学说要跟表姐去香港买东西，费用让木头出。木头说他想跟她们一起去，女同学说不行，她们两个女人逛街，木头在边上碍手碍脚的不方便。于是木头就没去，结果那女同学就在香港刷了他五万元钱。

回来后，木头跟她大吵一架，女同学说给不起就不要找她谈恋爱。木头一气之下就跟那女人分手了，那五万元就这样打水漂了。木头的父母知道后骂了木头一顿，说他怎么可以这样轻而易举地把那么多钱给人家花了。木头不以为然，说这些钱不过就几个月的房租，没什么大不了的。

木头没了女朋友，就把注意力转到了收藏奢侈品上。有一次，他一口气买了好几件Burberry的衣服回来。木头的母亲见了，说他这样大手大脚地花钱可不行。

木头还是没听，继续败家，直到毕业后他又找到了新的女朋友。

新女朋友叫阿彩，长得高高瘦瘦的，看起来很斯文。阿彩不像前女友那样势利和虚荣，她倒是没怎么让木头花钱，木头也因此变得没那么玩世不恭了。

一天，木头把阿彩带回家，父母见了都很满意，说这女孩子不错。可惜阿彩的父母不太喜欢木头。他们首先数落了一堆木头不好的地方，比如：他没有工作，没有特长，不会烧饭做家务。还直接犀利地说，像木头这样的人，迟早坐吃山空。

木头脾气不好，一句不好听的话也听不得，结果就跟阿彩的母亲吵了起来。阿彩的母亲不停地骂他，说他靠父母没出息，他们绝对不会让阿彩跟他在一起的。

这一句话说完，木头竟然提起拳头就朝阿彩的母亲打去，当场把阿彩的母亲打倒在地上造成骨折了。

这样，两家人是绝对不可能成亲家了。

经过这件事，木头一直觉得心里憋着一口恶气，跌进了非要找个女朋友的怪圈。于是，他把所有的心思都花在了找女朋友上。

木头的父亲劝他说，还是赶紧出去找个工作。木头就像聋了一样根本不理睬，他整天对着电脑忙到半夜，打算在网上的交友社区找个女朋友。木头的父亲又劝了他好几次，说网络上更不可靠，可是木头不听。就这样，他在网上又找了一些女孩子见面约会，可谈不了几个月人家就把他甩了。

后来，木头去找父亲谈，说他找不到女朋友，都是因为他没有像样的工作。木头的父亲本以为木头总算是想明白了，有长进了。谁想，木头是让父亲出钱给他开个鞋厂，因为他听说卖鞋挺赚钱的。这样，他才能找到好女孩回来当老婆。

木头的父亲当即一惊，说这个行业他们完全不懂，投资还很大，不能做。

可木头说他在网上谈好了代理商，说是能拿到一些国外小品牌的代工授权，只要他们能在外地投资一家加工厂，就有很大的利润。木头的父亲任由木头怎么说都不同意，说家里没钱了。可是木头不信，还说要是真没钱了，卖掉一幢房子就行了。木头整天跟父母吵闹，父亲被气得身体也越来越差了。

木头见父母就是不肯拿出钱来，就说，现在不给他钱，可以后这些房子总归都是他的，到时候他还是会把它们卖掉的。

木头的父亲被他吵得天天神经衰弱睡不好觉，母亲无奈，就劝丈夫说，这样一直闹下去也不是办法，让他把一套房子卖了让木头去投资建厂算了，没准能让木头的心定下来。

闹了大半年，父亲最后还是把一套房子卖了，跟他一起到外地租了个厂房。

可是木头根本就不把开厂当回事儿，整天吊儿郎当的，从不过问厂里的事。这可把年迈的父亲害苦了，只好自己天天在厂里忙。木头倒是清闲，出去就跟人家说他是某某厂的老板，到处找人给他介绍女朋友。

这样的日子大概过了两年，木头的父亲因为体力不支累倒了，鞋厂就此乱作一团，一些订单没法按时交付，赔了一大笔钱。

木头的父亲找到木头，说他无力再照顾这个鞋厂了，决定把鞋厂转让掉，这样至少不会继续亏空下去。

这两年，木头其实也在外面吃了不少亏，被不少女人给骗了。

其中一个还是有夫之妇，木头挺喜欢她的，还以为她未婚。谁想那个女的是为了骗钱出国，才主动跟木头在一起。等木头明白过来，那个女的早已远走高飞了。

木头在自己的世界转了那么久，终于开始注意到已然花白了头的父亲。

父亲本以为木头还会继续胡闹，谁想木头竟说："爸，你赶紧把鞋厂关了吧，都是我不好。"

这一句，倒是让木头的父亲愣住了。

有时候人就是一夜之间长大的。

木头关了鞋厂后，终于开始规划自己的未来了，他决定重新回学校读书，木头的父母露出了喜悦的笑容。

有些孩子不是品性坏，而是因为太天真。就像木头，其实他本质并不坏，只不过他在富足的生活中不会明白生活的艰辛。况且，在木头眼里，家里的钱一直都来得很容易，父母不用上班，每个月收收房租，就能过得不错。所以，他对辛苦根本没有概念，对钱的来之不易也感觉不到。所以，当女孩子问他要钱的时候，他丝毫没有戒备和吝啬；相反，他可能还觉得不就是花几个钱吗，有什么大不了的。

木头的世界其实很简单，他从来没有什么心计，他只是想跟人交往，却又不知道该用什么方式去交流。当别人提出要买什么、要干什么的时候，他除了答应还是答应。他想得很单纯，以为这样就可以交到好朋友。

直到他忽然发现，这个世界和他想象的完全不同之后，他开始醒悟了。他的慷慨在那些人眼中是愚蠢，他的付出在那些人眼中是幼稚。他认识到自己的浅薄后，终于开始用心去学，重新去看待周遭了。

后来，我听那个亲戚说，木头很努力地读完了本科，虽然又多花了两年时间，但是能从混沌中走出来就是值得的。木头的父亲很高兴，终于看到儿子走上了正轨。

这两年，木头成熟了不少，他出去找工作也不再眼高手低。他知道自己没工作经验，不求高工资，只求用人单位能录用他，给他一个就业学习的机会就好了。

听说木头进了一家大卖场的管理部做网络维护，每天都很认真努力地工作。一年后，有一个做文员的姑娘爱上了木头，她每天冲茶水的时候总会给木头倒一杯热茶。木头很感动，也知道父母一直期盼着他能早点成家。所以，他就接受了那个姑娘的爱，也终于明白一个人的真心比什么都重要。

我想，过不了多久木头就会结婚了吧……

其实一个人想要追求什么并不困难，只要让自己变得可靠，值得信赖，一切将如春风一样轻抚你的脸庞……

阅历：眼界一开阔，很多东西都会变小

黄兰

我叫他L先生，也叫他森的林，因为他的知识的广度与思维深度如森林般丰富深邃。但当着他的面，我常常半开玩笑道："森的林先生，之所以这么叫你，是因为你不会为一棵树放弃整片森林。"

他将半支烟摁灭在烟灰缸里。是的，他只抽半支烟。

"为什么呢？"

"为了不伤身。"

森的林先生语气依旧淡淡的。

"哦，抽半支烟，过了烟瘾，但也不至于太伤肺。"

森的林先生笑道："你真是思想幼稚。"

"那是什么？"这回轮到我疑惑了。

"成年人的世界，最重要的是保全自己。当我们抽完整支烟，我们可能在无意间被烟蒂烫伤，可是抽半支烟，就完全不会。"森的林先生说。

他真是对任何事都太有防备了。

我正准备说他太理智太客观太冷静时，森的林先生说："对待爱情也是。"

我愣了愣。爱情？犹如这半支烟？

"靠近一点点，温度刚好，可以温暖，可以化解焦虑、烦闷、苦恼等等，但靠近深处，你就不知道会在哪个时刻被烫伤。"

他为谁停留过？又因何重新上路？

我不知道，我只知道，森的林先生是个事业很成功的男人，有经营了十年的公司，有一百八十名员工，有与他气质相当的身份与地位。他是城中新贵，只是一直独来独往。

"我离过婚。"他叹了口气。

那时的他，还是个毛头小子，成绩一般，长相一般，家境一般，在理工类院校上学，没有任何优势，追女生这种事，他从来不参与，因为他知道自己几斤几两。在青春懵懂的年龄，在荷尔蒙分泌旺盛的年龄，所有男生都在争先恐后地追逐校内校外的青春美少女时，他却在自己的宿舍里听音乐。

那时，他喜欢李宗盛。

一天，他唱着李宗盛的歌，独自在校园里走着，一个女孩与他擦肩而过。

女孩叫住了他。

“你也喜欢李宗盛啊，她们都说我喜欢的歌手太老，我觉得我挺有品位的啊。”

女孩叽叽喳喳的很有活力，似一束阳光洒进了他的心田，他有些害羞了，红着脸憋出一句话：“我还会创作这一类型的歌曲。”

这样的对话无疑是幼稚的，就像小孩子间的对话一样，你会什么，你有什么，我还有更多呢，而且我还能创作呢。没想到，这之后他经常见到她，女孩是外校的，她辗转一圈终于找到森的林先生，缠着森的林先生给她唱原创歌曲，她说：“我不信，你肯定是骗我的，年轻人怎么能写出那个年代的沧桑。”

一个人的潜力往往是被逼出来的，森的林先生使出浑身解数，终于在一个月后写出了歌曲。又一个月过去后，女孩成了森的林先生的女朋友。

森的林先生毕业后便与女孩结婚了。本来一切相安无事，女孩上着平常的班，做了个文员，每天收拾屋子，养花养草，森的林先生也成为一家快速成长企业的普通职员。可是，总有一个人的轨道会出现变化。森的林先生忽然被公司选中，去国外开发新项目，对森的林先生来说，马来西亚还是很神秘的。他没有犹豫，立刻同意了。妻子的表情是幽怨的，但是，什么也没说。

渐渐地，他与妻子的沟通越来越少，全身心扑在事业上的森的林先生迅速成长，眼界一开阔，原先视野里的很多东西就变得小了起来，包括爱情。妻子似乎也感觉到了这一点，她开始每天都给他发信息，变得敏感多疑，甚至有些神经兮兮的。她的爱那么热烈，但森的林先生不想在爱里沉溺太多时间，他已经将所有的精力都放在了自己的事业上。

两年后，回国后的森的林先生等来了一纸离婚协议。

爱情烧到极致，自然是要燃灭的。

妻子终于承受不了自己的热烈与对方的冷漠，转身离开了。

森的林先生虽有伤感，但并不消极。毕竟，他还很年轻，而且已经有了一份前途光明的事业。他的个人价值一直在提升，他可以继续追逐。这期间，各种类型的美女他都碰到过，或有了交往，或各自挥手，但是一路狂奔下来，森的林先生忽然感觉累了。

这些女人，看到的都是他金光闪闪的一面，没人知道他曾经的历史，而他也不敢、不想在她们面前表现真实的自己。

他一直在维持。可是，维持是很累的。而那个曾在他心中洒下过一束光的人，永远地离开了他。

“没事的，没事的，还有更多美好在等我。”森的林先生对自己说。于是他经历了一场又一场恋爱，一次又一次事业波折，摇摇晃晃到了四十岁，昔日的朋友同学都有了自己的家和孩子，唯有森的林先生在繁华中寂寞。

李宗盛的《山丘》，森的林先生的车里一直循环播放着这首歌。

“我累了。”他说，“绕了一个大圈子才发现，最好的时光是炊烟起了，我在门口等你；夕阳下来，我在山边等你；叶子黄了，我在树下等你；月儿弯了，我在十五等你；细雨来了，我在伞下等你；生命累了，我在天堂等你；我们老了，我在来生等你。”

“而我，一直孤单一个人。”森的林先生的语气带着一丝淡淡的忧伤，“就算看起来什么都有，什么都唾手可得的人，也有自己隐秘的悲伤。”

有伴侣的人请珍惜眼前人，单身的人就好好生活，好好对待自己，然后对那个最终向你走来的人微笑吧。你不需要看到我曾经的血肉模糊、伤痕累累，你不必看到我踏过泥泞，你只需告诉我一切都值得，一切都过去了。

过去已逝，未来很远，让我们珍惜当下吧！往事如烟，因为选择，才会错过；因为错过，才会失去；因为失去，才会珍惜；因为珍惜，才会得到……珍惜眼前，就意味着怀念过去，谋求未来。

等待：总有一场温暖的相遇会来

庄姜姜

“有时候我觉得，再也不会好起来了。”

我无数次听到沉浸在悲伤里的人这样说。

我说：“都会好的。这个世界上从来不缺少奇迹，更何况你需要的只是一个转机。”

“再也不会有转机了，再也不会有奇迹了。”他们一味地哭泣。

可你知道，并不是这样。

年轻的恋人们手牵着手，走过美丽的街道。他们从清晨出发，在黄昏的路灯下露出微笑，真诚地说着永不分别的誓言。

硝烟包裹着村庄，战火弥漫，像一场无情的瘟疫。在这里看到日落，总会有种再也不会日出的错觉。

一个个夏天过去，男孩已经长大，女孩已经成家。街道还是那样的街道，誓言早就似清辉散落不见。

鲜血终于干涸，河流恢复清澈。炊烟渐渐升起的时候，和平的时代终于再次归来。

快乐与悲伤，每一分每一秒，都真实地在这个世界上发生着。

年轻而坚定的爱情，滚烫却又冷酷的战争。

连这一切都会结束，你还有什么理由不去相信每时每刻的改变。

中学时读顾城的诗，最喜欢《我是一个任性的孩子》。

他这样描述自己想象中完美的爱人——“她没有见过阴云，她的眼睛是晴空的颜色。”

我见过很多美丽的女孩子，她们的眼睛都是晴空的颜色；可是我从来没有遇到一个人，没有见过阴云。

这么多年来，我已经记不清陪伴多少朋友亲人度过了悲伤和不快乐。

就好像乌云也有大小，雨季也有长短——我们所遭遇的，有时只是一时的挫折，有时却是很沉重、很漫长的失去。

你曾经或者正在经历什么不快乐呢？

或许是你喜欢了很久的人始终记不住你的名字，你大哭一场之后却发现心里还是想着他（她）。

或许是你搞砸了一件很重要的事情，所有人都在指责你，你无助得要命却又回不到过去。

或许是你准备了很久的一次演出或一场考试的结果不尽如人

意，你一个人默默地回到屋子里，不知道什么时候才能获得一点成功作为坚持下去的动力。

或许是你失去了一位你很在乎的人，再怎么努力都无可挽回，再怎么不舍都覆水难收。

或许是你终究放弃了心里最重要的那个梦想，在日复一日的生活里忙碌着，担心自己一觉醒来就会变成自己讨厌的那种人。

或许是你很希望有个人可以分享你的生活，却只有四顾茫然。

我们总会遇见许多已知的不幸和许多未知的迷茫——每个人都一样。

可是，我们来到这个世界，从来不是为了经历悲伤。

每个生命都是一场永远向前的旅程，虽然路上不小心就会碰到荆棘和怪兽，但它们从来不是旅行的目的。

我们来到这片充满奇迹的森林，最终是为了找到那座会发光的城堡。

所以你要相信，就像荆棘永远挡不住骑士的脚步那样——

每一场温暖的相遇总会到来，每一次失败的结果都会过去。

徐志摩说：“我并不否认黑影、云雾与恶，我只是不怀疑阳光与青天与善的实在；暂时的掩蔽与侵蚀，不能使我们绝望。”

这位浪漫而执着于梦想的诗人，曾经为了等彩虹而冒着大雨站在桥上，被淋了一身得了重感冒。

即便雨季绵绵不绝，我仍旧始终相信彩虹的存在。

在这世界上，生来便乐观坚强的人毕竟是少数。

更多的人，是经历过悲伤之后，才会明白悲伤无济于事；也是在遇见彩虹之后，才相信雨季的结局永远是晴朗。

很多事情，身在其中时永远看不透；待到岁月过去，回头再看昨日旧事，无论喜悦哀伤，都已是另一番模样。

每当我遇见挫折而感到不快乐的时候，我都会想起十四岁时听友人无意中说过的一句话。

那是一次不大不小的考试之后，我因为成绩不佳放学路上一直郁郁寡欢。

无论旁边同学们讲的笑话有多好玩，我只低着头踢小石子，满脑袋都是“这次完蛋了”。

直到旁边一位同学对我讲：“不要难过啦。等我们长大了，经历了中考、高考，大学毕业，走上工作岗位……我们肯定连中考考了多少分都不记得。更何况这样一次微不足道的考试呢？”

这句简简单单的话，突然让我从郁闷里抽离了出来，看到了很久很久一切都好起来了的“以后”。

大约是突然觉得未来很长，并且现下的悲伤根本没有任何意义——我很快便振作起了精神，把糟糕的成绩抛在脑后。

很多年后，我真的忘记了自己中考的分数，甚至忘记了安慰我的那名同学的名字。

唯有每当想起这句话，就能够回味起当时恍然大悟的释然。

当你站在“现在”回顾“过去”的时候，你便会知道——每一个“未来”都会到来，曾经我们以为多么严重的难过，也都会成为“过去”。

而那一刻释然的领悟，就像一座彩虹，横跨在时空之间。

仿佛曾经的我因为不小心来到未来而停止哭泣那样，现在的我也随时都可以从这里回去，看到过去十四岁那个哭泣的自己。

所有的悲伤都不会是永远的。

假如你更勇敢一点，也许你还可以在每一次悲伤里看到希望。就好像看见落花，就能嗅到泥土被滋养而沁出的芬芳。

生命里不快乐总会出现，所以我们没有必要去掩饰它，假如它到来，就任由它释放；而悲伤只会是暂时的，所以不必惧怕它，只要记得在每一个低落的时刻依然要怀抱信念。

曾经有一个小妹妹看到了百科全书里彩虹的照片，跑来问我：“怎么样才可以看到彩虹？”

我告诉她：“乖乖地打一把伞，然后站在桥上——等雨停太阳出来。”

每当我提醒自己不要耽于悲伤的时候，我都会想起泰戈尔那句诗：“如果错过太阳时你流了泪，那么你也要错过群星了。”

从现在开始，请你不要再害怕雨天的泥泞和困顿，也不用再为了每个错过的晴天而哭泣。

所谓彩虹的真相，就是从雨天到晴天，你一直在等待。

NO.5

不刻意、不矫情，

世间人情只在于用心

情趣：我不要毫无仪式感的爱情

陈子淏

前两天看到张希微博主页的情感状态一栏里只有两个字：丧偶！我很好奇，她明明有男朋友，怎么就“丧偶”了？

“节日从来没收到过礼物，来‘大姨妈’时连杯红糖水都没为我冲过，电脑坏了也是我自己拿去修。这不是‘丧偶’是什么？我觉得寡妇都比我过得幸福。”张希向我抱怨。

虽然张希和她男朋友在一起两年了，但她从来没收到过男朋友的礼物。别人都在节日里各种秀恩爱的时候，张希只有羡慕的份。她也曾给过男朋友各种暗示，但显然对方没有领会到。“没心思送礼物就算了，连红包也没给我发过。我不是爱钱，没谁指望靠那点儿红包发家致富。我只是希望在每一个节日到来的时候，你能想到我。”张希终于忍不住开口，对方却说，不要太在意这些仪式，真正的爱情体现在平淡日常里。张希无言以对。

说到日常，张希更来气。有一次，她的电脑坏了，于是让学计算机的男朋友来帮忙修理，可对方却说："电脑毛病不大，你楼下就有维修店。"

"我知道楼下有维修店。可我就想你像别人的男朋友一样给我修修电脑，弄弄系统。"张希在对话输入框里打了一行字，想了一会儿，又删了，一个人抱着电脑下了楼。看到楼下小哥一脸认真为她修电脑的样子，她真想把自家男朋友踢了。

还有一次，张希从外地回来，让男朋友去车站接她。男朋友却说："我去还不是得打车过去，你自己回来就好了。"张希气得差点儿没在火车站原地爆炸。她刚下车，凑巧碰到也是同一趟车的同事A。对方热情地招呼她，两人一起出站。

刚一出站，一名男生就向她俩走了过来，然后拉起同事A的手。A一脸娇羞地介绍："我男朋友。"还问张希要不要一起拼车。张希说："我男朋友也来接我了，路上堵车，要晚一会儿，你们先走吧。"同事A知道她有男朋友，便没再相邀。张希不想让对方觉得自己是个没人疼爱的可怜虫。越是委屈的人，越是倔强不说。

我知道饿了有外卖，出门有出租车，生病了要吃药。道理我都懂，可我就是忍不住要矫情，因为我真的爱你啊！我想在饿的时候，吃一口你亲手做的饭，哪怕只是加了个鸡蛋的泡面；想在回到这个城市的时候，第一眼看到的那个人是你；感冒的时候，想你给我买盒感冒药，然后叫我赶紧回去睡觉。

网上曾经有个话题，叫“什么时候觉得自己像个‘单身狗’”。

“异地恋，每天早上醒来看到的都是室友，而不是男朋友；跨年夜，和闺蜜一起胡吃海喝，男朋友说他们宿舍要组队打‘王者荣耀’；‘双十一’想发个朋友圈虐‘狗’，却发现在一起两年，合影加起来还不够九宫格，‘狗’没虐成，倒把自己虐哭了；圣诞节，单身的闺蜜接到了五个快递小哥的电话，我接到一个，移动客服推荐换套餐……”

一个女孩子在评论下面接了一句：“我发现我这个‘单身狗’，都比你们这些谈恋爱的幸福。”

有的人单身，却像在恋爱。有些人虽然在恋爱，却活得像单身一样，没有节日，没有约会，没有旅行，没有抱抱……生活毫无惊喜和乐趣。

王微微谈过一个男朋友，我们却很少听她提起，开始还以为是她不愿意说，后来才知道是没什么好说的。

有次聚会，几个朋友一起吃饭，王微微突然说自己最近打算攒钱买手机。A插嘴说道：“叫你男朋友给你买呗！”王微微笑了笑，没说话。和王微微住一起的B，看着王微微惊讶地问道：“你有男朋友？我怎么不知道，我一直以为你和我一样是单身。”

“没有电话问候，没有视频聊天，没有微博互动，没有约会旅行，没有节日礼物……我倒是巴不得每天在你面前秀二十次恩爱，可我却连一个提起他的理由都没有。”那晚回去，王微微和男朋友吵了一架，分手了。后来，一个和王微微前任还算熟识的人告诉她，他对每任女朋友都这样——他想要的只是一段关系，而不是一个女朋友；他只希望有个人和他在一起，帮助他摆脱单身的身份，和谁在一起都行。

真正喜欢一个人，是听到一首好听的歌，看到一个好笑的段子，都会立刻分享给他。真正喜欢一个人，是看到一个不错的东西，就会想他会不会也喜欢，然后想象他得到这个东西时，满脸幸福的样子。真正喜欢一个人，是去到一个漂亮的地方，就会想要是有他在就好了，然后下一次牵着他的手，和他故地重游。

不要说礼物不实用，情话太腻歪，节日太麻烦，只要是你送的，垃圾我都觉得是宝贝；只要是你说的，每天一百次我都不嫌多；只要是和你一起，跋山涉水我都愿意。

放下：没有不好的未来，只有放不下的过去

庄姜姜

在我们同学圈中，提起希希，几乎每个人都要皱眉头。

原因很简单——“真受不了她不停地念叨自己本来能成为大人物的那副样子”。

无论哪位同学有了值得庆贺的好消息，她都要在旁边幽幽地添一嘴让人扫兴的话。

某本科学校比较一般的同学通过自己的努力，考取了一线大学的研究生。希希说：“假如不是当初高考没考好，我也能上X大了呢。”我们只当没听见，心里暗暗觉得她太无聊。

一位同学出版了自己的第一本书，大家都为她高兴。希希阴阳怪气地开口：“假如不是高中的时候我妈不让我去上海参加新概念作文复赛，我现在也出书了呢。”那位出书的同学心情正好，轻轻地笑了笑，并没说什么。

一名很优秀始终坚持画家梦的女生终于开始筹备自己的小型

画展，我们都为她开心，跑去捧场。希希站在人家的画前抱着双臂："假如不是初中功课太忙没空把画画学下去，我说不准也能当个画家呢。"或许是她的姿态语气实在让人不舒服，连路过的陌生人都忍不住向她投来有些嫌恶的目光。

高中同班的一对金童玉女结婚了，大家都说去道喜，只有希希竟然说："其实高中时他老找我说话呢，假如我跟了他，现在新娘子就是我啦。"说完还没心没肺地大笑。

如果说之前那些无礼的话还只是停留在"真让人觉得无语，这人怎么这么幼稚"层面上的话，这次婚礼上她却是到达了"你精神有问题吗？到底能不能说话前过一下脑子"的新境界。

新娘勃然大怒，让保安将希希请出了婚礼现场。

大家对她积攒的不满也瞬间倾泻而出：

"终于走了，她真的是我见过的最嘴贱的人……"

"无论发生什么好事，听她说一句话立马一秒憋出内伤，真是够了。"

"以后真的永远不想见到她了。"

从此，大家都心照不宣地疏远了希希。没了她扫兴的各种聚会，也恢复了开开心心闹闹嚷嚷应有的模样。

直到两个多月后，快要被大伙遗忘的希希哭着给我打电话，质问我们怎么这样排挤她。

我有些不知所措，和班里的同学提起这件事——要不要叫她回来？

大家的态度差不多都是一边倒："不要啊！好不容易聚会一次，不要叫那种扫兴的人啦！"

我只好回电话给希希，推说最近大家比较忙，也没什么聚会，让她不要胡思乱想。

她却依然是那副不管不顾地脱口而出："是大家还不愿意理我吧？我也是这么大的人了，不会连你们排挤我都感觉不出来。"

我叹了一口气："可能大家就是一时不爽，说不准过一阵子就好了。你可以先找其他朋友一起玩，不要一个人太难过。"

谁知她却咄咄逼人："凭什么你们对我不爽？假如最早几次聚会我跟你们几个一起组织就好了，现在也不至于轻易就被你们排挤在外面。"

我也有些不耐烦了："希希，你说话也应该注意些，大家都是老同学，才对你一向宽容，可是你在人家婚礼上说那种话真的太过分了。"

她明显愣住了，在电话那边好久没有出声。

大约过了半分钟，她才开口——声音却没了刚才那种盛气凌人的架势，反倒是有些楚楚可怜："谢谢你跟我说这些。你有空吗？改天我想和你坐下来聊聊。"

我正犹豫，她很快又说："没事，不愿意我也理解，毕竟你们都是真的不喜欢我吧。"

她语气平静，"毕竟你们都不喜欢我"这句话在她口中就如同"今天我不想吃苹果"一样轻松。

但就是这样的轻松，和之前总是呛人的希希形成了鲜明的对比，反差之下，仿佛更有种寂寞的悲剧色彩。我原本就因为她被大家排挤有些同情她，如今更是感到没法拒绝：

"好，时间地点你来定吧。"

令我诧异的是，希希选择的地点竟然是在一家医院旁的小茶馆里。这里距离我们经常活动的城区还是有些远的，我足足坐了一小时的地铁才到。抵达时希希已经坐在靠窗的位子上等候。

我同她问好，一切一如往常。似乎主动提出严肃的话题让两个人都觉得有些尴尬，我便闲扯了一会天气和交通。

希希的目光定格在我的包上："我也看到过这个包。"

我瞬间感到有些不自在，仿佛又要经历一次"这是我没选的东西才被你拿走"的言语刺激。

但她的下一句却与往日风格迥异："可惜我不敢用这么亮的颜色，所以也配不上这么好看的包。"

还没等我回过神来，她又淡淡地开口："其实我前段时间一直都在这家医院看心理医生，之前抑郁症，有过想要自杀的倾向。"

我惊呆了。虽然大家眼中的希希算是个“有点怪的人”，可看起来从来都是盛气凌人的样子，谁会猜到她内心竟这样痛苦。

我想了很久，才试探着开口：“为什么会这样呢？是……发生了什么事吗？”

希希抬起头来，泪光盈盈，说出的却差点没让我跌到地上。

“我觉得自己太失败了。我什么都比不上别人，事业、爱情、梦想甚至美貌，没有一样拿得出手。假如不是我过去放弃了那么多机会，我怎么会过成现在这样子？我每天都沉浸在懊悔中，每天都在想——如果过去我能够果断一点，勇敢一点，选择把画画学下去，或者心无旁骛热爱文学，甚至哪怕高中时胆大一点谈个恋爱，我现在肯定也过得和你们一样精彩。”

又是“假如”，又是“如果”……可这一次的“希希式经典语气”却不再让我觉得无聊幼稚，而是发自内心地对她感到同情和震惊。

“希希……”我看着她的眼睛，想要在那里看到些冷静与理智，可是她戴着美瞳的瞳仁却闪烁着，似乎整个人都沉浸在紧张之中。

“你……为什么要这样想呢？”我斟酌了许久措辞，才小心询问了一句自己都觉得莫名其妙的问题。

她看了我一眼，随之垂下了眼帘，一字一顿地说：“我不喜欢我自己。从头到脚，从里到外，我一直都不喜欢我自己，我不知道该怎么办。我越是不喜欢自己，就越怕别人也不喜欢我。所以总是想表现得自己比任何人都更有优越感，好像这样就不会被别人鄙视。就在我对自己的现状感到自卑又无法改变的时候，有一天我看了一部电影，故事的男孩患了绝症。他本来想当一个音乐家，但他已经活不了多久了。他有些遗憾地说——假如我没有得病，我一定会成为音乐家吧？然后你知道发生了什么吗？——所有的人都拥抱他，告诉他：是的亲爱的，你一定会是最棒的音乐家。”

我忍不住皱着眉头打断她：“你真的认为自己和患了绝症的小男孩一样吗？”

她愣了一下，随即说道：“虽然看起来我没有那么可怜，可是事实上，我也错失了许多本可以成功的机会……”

我感到深深的无力。接下来她又用了大段大段的篇幅，祥林嫂般叙述了她那些“错过的机会”。

在这场谈话中，我曾经很多次想过纠正她，告诉她什么才是正确的，什么才是真相——但我最终也没能够找到机会将她说服。

又或许，她根本就拒绝被说服。

她坐在我面前，看起来是那么年轻，却又那么固执绝望。

她幻想着自己原本“应该”拥有的一百种生活，原因却只有一个——她无法接受现在真实的自己。现在这个，唯一存在也最是可靠的自己。

离开之前，我看着她那双绝望而落寞的眼睛，还是忍不住问她：“希希，你觉得，你究竟是为什么错过了一次又一次选择？究竟是因为你不幸，还是你不敢？”

她咬了咬嘴唇：“我不敢。但这也是种不幸……”

我打断她：“你之所以不敢，是因为在当初看来，那样选择的风险更大。比如假如你在中考前继续学画画，就要面临着中考失利的危险。所以你不敢——对吗？”

她怔怔地点了点头。

我继续说下去：“你一直觉得，没有被你选择的那些事都是冒险的，而也正是因为你惧怕冒险，才失去了后来的精彩。但我想问问你，假如你真的不顾一切地追求文学，最后连大学都没有考上，然后在文学上也没取得什么成绩——这太正常不过了——那么你会后悔自己当初的选择吗？”

希希趴在桌子上，捂着自己的脑袋。我能感觉到，她心里有些防线正在慢慢坍塌。

“我想你内心深处其实很明白。即便你当初选择了那些看似冒险的举动，你现在的生活也未必会好到哪里去，甚至有很大可能更糟糕。

“我知道这很残忍，但你必须明白——你是怎么样的人，就是怎么样的人。你要么接受当下，要么改变现实。但没有任何意义怪罪于已逝的昨天。”

对面的希希埋在自己的双臂中渐渐发出断续的哭声。

我并不想再多说什么，只是静静地坐在她对面，任她哭泣。

我从不吝啬自己的善良与耐心，去安慰那些难过的人们。

我愿意在他们自卑的时候给予鼓励，悲伤的时候给予倾听，寂寞的时候给予陪伴。

假如无需使希希哭泣便可令她好起来，我毫不介意陪伴她对她循循善诱一整夜。

可是我真的没有办法，听着自欺欺人事实是亟须面对现实的她那些漫长的谬论与疯狂的呓语。

无论你有多少悲伤、多少自卑，念念不忘曾经不够勇敢，实在太过愚蠢可笑并且毫无意义。

那些我们没有得到的东西，未必就真的格外美丽。

而那些当下绽放在我们周围的芬芳，未必就真的输给想象中冒险路上的收获。

当你已经来到了平坦的原野，就别再挂念那开着花的悬崖。

这个世界，从来就没有好不起来的明天，只有你不愿意放手的过去。

自足：一个人也要好好生活

黄竞天

2011年，我一个人在日本。日本有一个作家叫作高木直子，她写了一本书叫《一个人住第5年》。我一个人在日本漂泊的时候，就着了迷一样地看这本书。

一个人住没有什么不好，很自由也很放松。每天穿着宽松的睡衣和拖鞋，在自己的小房间里窝着，看看电视剧，吃吃零食，画画漫画。我拥有一个只属于我自己的空间，四面窄窄的墙壁把我紧紧地包围着，我反倒更有安全感。

一个人住的时候，时间会过得很快。我喜欢用厚厚的窗帘把窗子深深地掩住，早上蒙蒙眬眬地睁开眼，也不知道是几点，简单地洗漱一下，然后一整天满满的都是自己的时间。做自己喜欢的事，沉浸在其中，不知不觉，我抬起头发现，窗外已是繁星满布，一天又那么不带痕迹地过去了。

一个人住的时候，时间仿佛静止下来。我有一块很大的地毯，深棕色的。我喜欢躺在地毯上，软绵绵毛茸茸的很舒服。失眠的时候，我就仰着头看天花板。天花板上，路灯的光透过窗帘的缝隙钻了进来，映出各种形状的影子。路灯也陪我失眠呢，我这样想着，不知不觉就睡着了。

一个人住，有时心里什么都不想，睡得很好，什么时候都能睡，什么事都是窝在床上完成的。我常常坐在床上吃饭，趴在床上看视频，在床上做腹部运动，躺着沉思。我在思考什么呢？天马行空，漫无边际。每天都自己一个人，这么安静，有时候会过得连日子都忘记。

一个人住的时候，最怕失眠。晚上我整夜整夜地睡不着，我就去街上的便利店买一瓶烧酒，回到家自己灌自己。日本的烧酒不烈，便利店里的更是被稀释了。喝了半瓶酒，反倒兴奋了，突然变得特别想说话，但是摸出手机来翻了一圈却找不到人聊天。

看看窗外，天已经蒙蒙亮了，我干脆就穿上运动衣去跑步。清晨的街道特别安静，街上根本没有什么人，连小鸟都没有醒来。天只是浅浅地亮着，地上也有一层薄薄的树影。我绕着街道慢慢地跑，有时会有带着晨露的树叶落下来，落到我的头上、肩上，再掉落在地，在衣服上空留一片水印。

跑着跑着，之前喝的烧酒的酒劲上来了，脚步变得有些踉跄，回到家已晕晕乎乎，顺势往床上一躺，再一睁眼已日上三竿。

一个人的时候，最麻烦的事就是吃饭。

我最常去的地方是便利店，我也不爱买便当，偏偏买一些没有营养的小零食，话梅、蜜饯、甜豆、巧克力什么的，抱一堆回家，然后窝在床上吃一天。吃零食的时候，最开心的就是拆开各式各样的包装，将一颗一颗五颜六色的糖果塞进嘴里，甜味在口腔里变得越来越浓郁，然后恋恋不舍地散开，再放进去更多，直到嘴里被塞得满满的。

一个人的寂寞，只有通过感官获得一点点刺激。

虽然不常做菜，但是我每周会去一次菜市场，买一些新鲜蔬果。我往往是在周六的清早去。这天我会醒得很早，背一个很大的双肩背包，穿一双合脚的球鞋，出门的时候管理员“欧巴桑”都还没有起床。菜市场离我住的地方隔着十几个路口，等走过去刚好也就开门了。菜市场人不多，新鲜的蔬菜和水果的味道飘浮在空气中，让我能感受到一些自然的味道。

我买了新鲜的青菜、苹果、鸡蛋和牛奶，把包装得满满的，最后再买一个二百日元的冰激凌，在回家的路上一边走一边吃。冰激凌很甜，北海道的奶制品都很好吃，可是还没走到一半就吃完了。后半段路程，冰激凌的味道就在嘴里一点点变淡，等我快到家了，冰激凌的甜味也没有了。我又回到了平静的一个人的世界里。

一个人做饭独居，煮饭的量很难把握，总是煮得太多。后来我就和对门的台湾女生学，干脆一煮一大锅，然后分成一小块一小块，用保鲜膜包好放进冰箱冷冻着，下一餐饭的时候就拿出一块来解冻。可以配着百元店买来的咖喱酱吃咖喱饭，也可以就着来日本的时候妈妈放进行李箱的榨菜吃，日子平淡而宁静。

后来我又做三明治，也像煮饭一样做了好几天的份，可是晚上肚子饿，吃了一个后发现全麦面包和芝士简直是绝配，一吃就停不了，一不小心就把四五餐的份都吃完了。我捧着撑得硬硬的肚子躺在毛茸茸的地毯上，虽然胃涨得有点不舒服，但心里反而有一点满足的情绪，也许把胃填满了，心就不会空了？

并不是一个人住就意味着单调，也不是所有单身的人都寂寞。

我的朋友里，有的人仍旧潇洒地保持着单身，一到节假日就呼朋引伴出门旅行、玩乐。

有的人会有“饭搭子”，两个合住的人商量着一起买菜，然后一个做饭，一个刷碗，不仅节省饭钱还能热热闹闹地吃顿饭。

以前我没有自己一个人住的时候，我以为当我一个人生活的时候我会过得很潇洒。

但是当我真正一个人住的时候，我发现我总是很宅。

但即使很宅，我还是体验了许多。因为一个人住，真的会有很多的时间，多到我自己都有点慌了，于是我就自己找事做。

开始我过得很随性：天天睡懒觉、吃零食、看电影。后来发现，即使是自己喜欢做的事不断重复心里也会发慌，睡觉睡到都产生了幻觉。于是我就开始找一些对自己有挑战的事情做：学习、练字、做运动。

本来我很崇尚成功学那一套，觉得人生的成功就在于做了多少大事。一个人独立生活后我才发现，其实人活着，最重要的事就是找自己热爱事做。

一个人住久了，胆子也越来越大，什么事情都有勇气一个人去完成。

一个人跑银行，跑遍整个城市办妥手续。

一个人去小饭馆吃拉面，拉面端上来的时候看到那层厚厚的浇头，胃口大开，吃了一大海碗。

一个人去市中心坐摩天轮，摩天轮升到城市最高的地方，扒着玻璃看城市的夜景。

一个人去吃美食，给自己买棉花糖和章鱼烧，章鱼烧滋滋地冒着热气，上面盖着一层美乃滋和细细的海苔粉。

一个人去游乐场玩，排在满是情侣的队伍里也不觉得突兀，坐上过山车看世界在眼前颠来倒去，尖叫得比谁都响。

一个人去看电影，买一罐可乐和小杯的爆米花，默默地坐在倒数第三排的最右边，一直坐到大银幕上出现“谢谢观赏”。

一个人去泡温泉，洗净身体，学着老奶奶们的样子把毛巾折成方形放在头顶，将身子浸入温泉。

一个人住的时候，依然可以时髦优雅。我精心布置我的房间，有毛茸茸的地毯，有漂亮的桌布，整整一面墙都是我自己的画，桌上是一对红酒杯和香薰蜡烛，打开冰箱，总会有巧克力和红酒，也会有我爱喝的蜜柑水。

其实，一个人的生活很简单，十来平方米的小房间，一张床，一台电脑，一堆书，把自己安顿好，没有大悲伤，也没有大快乐。只有小小的惊喜、小小的孤单、小小的烦恼、小小的期待，细微而琐碎。

活力：我愿朝着太阳生长

玄窗雪

我读过一本书，书名不记得了，但记得作者是莉丝·默里。这本书讲述的是她自己的成长历程。

莉丝出生在纽约的贫民窟，尽管父母吸毒，莉丝仍然深爱着他们。她在毒品、艾滋病、饥饿充斥的环境中度过童年。莉丝肮脏的衣着和藏在头发里的虱子，让她在学校时饱受同学的嘲弄，所以她厌恶上学，并终因逃课太多被送进女童院。十五岁时，莉丝拼尽全力维持的家庭最终破碎，她开始流落街头，以捡拾垃圾、偷东西为生。有时她整夜乘坐地铁，因为只有在这里才能温暖入梦。

但是莉丝知道，自己的生活之外，还有一个明亮健康的世界，只是她与那个世界远远相隔。莉丝流落街头时，母亲因艾滋感染而死，莉丝深受触动，她决定不再继续过那样的生活，她要改变命运，于是重返高中。

无处安身的莉丝，那时常在地铁站、走廊里学习、睡觉。

她用两年的时间，完成了四年的课程，并获得“《纽约时报》一等奖学金”，还获得“白宫计划榜样奖”。最终以优异的成绩进入了哈佛大学。

哈佛，全球顶级名校，是无数学子梦寐以求的象牙塔。没有雄厚的实力，是无法敲开这座高等学府的大门的。

这是一个女孩与命运抗争的故事。

面对逆境与绝望，她毫不气馁，对生活、对自己，始终不抛弃，不放弃，经过几年的刻苦努力，最终走出了一方新天地。事实又一次证明，或早或晚，赢得胜利的人，终是相信自己、不向命运妥协的人，终是努力朝着太阳生长的人。

无独有偶，台湾资讯公司总经理陈维琴，从小也是家境贫寒，大学时代一礼拜打工七天，但她的成绩却始终名列前茅。边上学边打工时，各种打杂、游戏手册翻译、公司会计，她都做过。靠着从小养成的吃苦耐劳的品质，她任劳任怨，一步一步脚踏实地地努力，终于天道酬勤，取得了今天的成功。她说：

“贫穷的家境成就了我一身耐磨的本事，并且让我更深刻地体会到了人情冷暖。”

她要用自强不息来赢得人生，她成功了。

但丁曾经写过：如果你经历过地狱，便能爬上天堂。这句话，用在这两个女人身上，特别合适。

谁说女孩只能富养？谁说只有富养的女孩才能见多识广、高雅睿智？莉丝和维琴的经历告诉我们，无论你身处何种境地，遇到何种困境，只要你自强不息，勤勉努力，你就会蜕变成一个更加美好的女子，就会获得精彩的、令人艳羡的人生。

生活中，没有谁能躲得过旦夕祸福。但是像莉丝这样从小生活在贫民窟——在美国犯罪率极高的街区里成长，却没有被污染，并最终取得辉煌的人生，这得需要多大的努力和自我超越的毅力？这个曾经在很多人眼里看来没有希望、没有未来的女孩，却给了那些嘲笑过她的人们一个漂亮的、有力的反驳，她交出了一份完美的人生答卷。这样坚韧不拔的女孩，令人赞叹。

我们每个人或多或少都曾经抱怨过生活给我们的待遇不够好，不够公平。有些女孩甚至以贫穷为借口，自甘堕落。她们可以出卖自己，傍大款，做小三，或者在其他方面投机取巧，为的就是获取丰厚的物质生活，但这样的行为是不会得到别人的尊重的。

俗话说，人争一口气，佛争一炷香。无论贫穷还是苦难，都不应该成为女人自暴自弃的理由。生气不如争气，抱怨不如改变；与其抱怨环境，不如改变心境。比起那些失去腿脚、耳聋目瞎的却自强不息的残疾人，你还有健全的四肢。你活得辛苦，有人比你更辛苦。你还年轻，有思维健全的大脑和健康的身体，你没有理由不相信自己，你完全可以靠自己的双手创造更美好的明天。这总比做一个被人圈养的金丝鸟强多了，至少日子过得充实、踏实，不必担心有一天会像一件穿旧了的衣裳一样被别人无情地抛弃。

遭遇窘境，绝不要放弃。如果飞不起来，那就跑；跑不动，那就走；走不了，那就爬。无论怎样，都要继续前行，努力朝着希望前行。这世界比想象的更广阔，你的人生不会没有出口。要知道，每个人都有一双隐形的翅膀，不必经任何人同意就能飞。

实际上，每一个优秀的人，都有过一段沉默的时光。那一段时光，是付出了很多努力，忍受孤独和寂寞，不抱怨不诉苦，日后说起时，连自己都能被感动的日子。你永远都不会知道自己到底能有多坚强，直到有一天你除了坚强以外，别无选择。

成功不会从天而降，你所有的付出只有你自己最了解。但唯有这样的成功，才更能让自己感到幸福和骄傲。没有优越的背景，就要更加努力。梦想人人都有，但不能靠别人去帮你实现。努力，虽然未必都能收获圆满；但放弃，就一定一无所获。失败固然痛苦，但维持原状则是更加痛苦的煎熬。

生命从来都不是公平的，但不要说没有机会，就怕你错失良机。再好的机会，也需要以努力作前提，所以说努力最重要。坚信自己，坚信梦想，用梦想来取悦自己，用自强不息来取悦人生。

实际上，与其抱怨没有给你建桥铺路的父母，不如趁着年轻为自己的梦想打好基础。要知道，那些成功的女人，并非都有显赫的家庭背景，而是靠自己不断进取成功的。有人说，女孩要富养，但是富养不是简单地限于物质层面，精神上更需要富养。不然，再怎么锦衣玉食，恐怕也养不出一个自立自强的女儿。

人都有趋乐避苦的本能，只要能够逃掉，哪怕是暂时的逃离，也不想吃苦。就像现在很多女孩子，大学一毕业就忙不迭地去征婚，只想嫁个有钱人，这就是怕吃苦的表现，她们想省略掉中间那个辛苦奋斗、四处碰壁的过程。可是，你想过没有，你认为最容易走的路，其实往往是最艰难的。你逃掉了奋斗的辛苦，将来也许就要加倍偿还。你逃掉了物质层面上的辛苦，也许就要遭受精神层面上的辛苦。

有一个女孩说过一段很励志的话，让人喜爱至极，她说："家世好的女孩，会有爸妈铺好华丽的金光大道；相貌好的女孩，会有男友老公鞍前马后尽献殷勤；运气好的女孩，会有贵人相助扶摇直上。真是'不幸'，我似乎哪个都排不上，但我有幸知道靠山山会倒，靠人人会跑。我虽平常，却独立、自由。我坚信：让自己变得强大，就是最大的幸运。"

这话大气，有底气。所以，女孩将来是否能成为一个有出息的人，重点不在富养还是穷养，而是从小养成正确的三观。"贫贱不能移，富贵不能淫"，树立了正确的三观，不论处在哪种环境，都会成为一个自尊自爱、自立自强的好姑娘。

我更相信，每个人一生的辛苦是个定量，无论怎样，这份需要承担的辛苦都是逃不掉的。现在逃掉了，将来也会让你补上。所以，晚辛苦不如早辛苦。

那些被称为达人的，谁不是千锤百炼过来的。不能主宰别人，就管好自己，给自己重生的机会，被逼出来的你会蜕变成天使的。

所以，年轻的时候，吃一些苦没什么。吃苦不见得就是坏事，只要你始终愿意朝着太阳生长。因为它让你有机会重新认识自己，让你有机会挖掘你的潜力，让你有机会变得更强。在艰难的日子里，不要气馁，勇敢地迎难而上吧。

人生无论多么崎岖坎坷，记得都要让自己成为这种姑娘：

内心丰盛安宁，性格开朗豁达。不怨天尤人，不苦大仇深。对每个人真诚，对每件事抱着热忱。不管经历过多少不平，有过多少伤痛，都舒展眉头过日子，一定要相信，一切都会慢慢变好的。只要怀着乐观的精神，一步一个脚印地奋斗，坚信自己一定能行，一切艰难困苦都会迎刃而解。

或许生活不是你想象的那么好，但也不会像你想象的那么糟。无论如何，每一个明天都是新的，现在就是奔跑的起点。心怀感恩和希望，光明就会在前方迎接你。

总而言之，用自强不息来夯实人生，你才有机会证明自己的价值，才能找到你想要的尊严和价值。

准备：给时光以生命，给生命以时光

庄姜姜

我曾经听人说过有这样一种树：头几年生长得很慢很慢，让人甚至会产生它已经死掉了的错觉；可是若干年后，它却突然焕发出惊人的生命力，在很短的时间内便可长成一棵参天大树。

原来，它在生命的前几年都是在用力地扎根，直到那深深扎入土壤的根为它提供了强大的支撑，它璀璨的生命才绽放。

在我们的生命中，同样也有需要扎根的阶段。

那些尚未茂盛起来的时光，看起来像是很平庸，其实却是抵达光明未来前必要的准备。

六月，毕业季。

每一位将要毕业的学生，必定都怀着极为复杂的心情。

当然会有不舍——昔日同窗好友就要各奔东西；也会有些许激动——十年寒窗读书考试的生活终于告一段落；难免还会有一点点迷茫——未来的生活究竟会怎样？

但是在这一切到来之前，你必须先要解决一件事：顺利毕业。

在应试教育下长大的孩子们，个个都要经历“中考”“高考”两大修行。成功者顺利进入下一个冲刺，失败者打回原处来年再战。

比起这两大修行，大学毕业似乎就轻松了许多。

可是在我们大学毕业那一年，非常不幸的是与我颇为要好的两位男生还是在这个人生节点中失败了。

由于没有顺利通过毕业考核，他们都面临着自己的“大五”时代。

“延期毕业”，这四个字对于一个自小优秀惯了的名校生来说多少都带着点令人抓狂的沮丧。

大学四年变成五年，这平白多出的一年光阴更是难免让人有“浪费”之感。

我所认识的这两名男生性情各异，他们延期毕业的原因也各不相同。

甲君思维活跃，爱好广泛，交友圈广阔到令人大跌眼镜，故而平时要分出很多时间交予兴趣与社交。大学里的课业压力虽然不似高中那么大，但到底也要付出一定的精力。这位“交际之星”最终未能如期修够学分，因此不得不延期毕业。

乙君沉默寡言，酷爱电脑游戏，日日宅在寝室，基本生活都靠外卖搞定。他修的本就是计算机专业——对于毕业设计也并没怎么担忧，最终却由于每天在宿舍神游而耽误了毕业必备手续的办理，稀里糊涂就进了延期毕业的名单。

不难发现，这两个人有一个共同点：他们自身能力丝毫不存在问题。

长袖善舞的甲君念的是管理学专业，专业素质十分过硬，几个曾经教过他的老师均对其能力赞不绝口；天天不摸电脑就睡不着的乙君更是用生命爱着关于计算机的一切，在该领域前途无限。

即便如此，最终的结果还是让人唏嘘。

也许是由于我早早定下读研，不必花时间找工作而显得比较清闲，甲君与乙君被宣布延期毕业后都曾来找我谈心。

甲君看起来跟过去没什么两样，衣着得体，笑容迷人。

但我很快就发现他并非表面看起来那么光鲜：他的发型从正面看依然整洁蓬松，从后面看却显得有些塌——明显是已经好几日无心洗澡，只在出门见人前潦草地喷了免洗净发喷雾。一向重视形象的甲君竟然若干天没有洗澡，我心里已经差不多知晓延期毕业给他带来的沮丧了。

在接下来的谈话中，他始终尽力保持着开朗的模样。他主动承认“事到今日确实是我咎由自取”，并且屡屡表示“其实仔细想想也没什么大不了”。

我只有静静地喝着茶，听他独自高谈阔论。

直到旁边有拍毕业照的人群经过，他蓦地脸色突变，几秒之后已是换了一副模样。

“我爸已经两周不接我电话，说我太让他丢人。”

我赶忙握住他的手——正式安慰这才开始。

从中午到傍晚，我们一直在聊天。

但话题似乎总被他扯得太远，最终关于延期毕业的事也没聊几句……我实在追不上他神侃的能力。

告别时他又恢复了迷人笑容：“谢谢你，倾诉之后我感觉好了很多。”

我微笑挥手。

回去之后，他大约依然是表面光鲜内里焦虑。

乙君看起来也并无太多异样——事实上，过去四年我也没见过他几次。一副带着划痕的眼镜，纯黑的印着某游戏人物的短袖T恤，迷茫而纯真的眼神。

“我延期毕业的事你听说了吧？”他搓着手坐下来，招呼过后立马问道。

我点点头。

“大家都听说了吗？”他迫不及待地追问。

我忍不住笑了。对于乙君这等终日沉浸在自己世界里的人来说，突然暴露在众人视线下必定极缺安全感。

看到我笑，他立即拔腿想走。我赶忙好言相劝，将他拉回坐下。“其实没什么大不了的。你这件事多少是有些乌龙的……都知道不怪你。我们说起来，也觉得你实在是太倒霉了。”我安慰他。

其实我心里想的是“少玩点游戏就不至于手机停机也没发现，搞得毕业通知一个没收到。”

而我的安慰似乎对乙君来说很快便起了作用。一顿饭过后，他长吁一口气，站起身来，俨然告别了颓废模样。

“你现在准备去干吗？”我问他。

“回宿舍打游戏，今天约了队友。”他坦然回答。

我无语。

靠一顿饭的时间让一个人明白自己的问题所在，看来确实太不现实。

后来的甲君与乙君，在一年的“修行”之后也终于毕业。

我与他们之后偶有联系，但也只是寥寥数语，分辨不出他们真实的想法。

“大五”毕业之前，甲君再次请我吃饭。那顿饭之后，我又约出了同样面临毕业的乙君。

在这两次饭桌上，我并没有同他们说太多内心的感触。

我们只谈了过去的旧友，学校的动态，有趣的新闻，杂七杂八的搞笑视频。

我听他们说到毕业后的安排。

甲君已经签下一家外企，薪水优渥，当然工作也富有挑战性，这正是他所需要的。

乙君也如愿进了某知名游戏公司，但让我有些出乎意料的是，他的岗位竟是市场部而非技术部。

这一次，我原本就没有打算再次听他们同我谈心。毕竟，成年之后没事便找人谈心的男人也未免有些幼稚。

在见他们之前，我一直在想一个词："间隔年"。

在西方国家，许多年轻人都会在毕业后工作前，选择用一年的时间去游历。

他们有些会去从事对自己有帮助的实习，有些是完成心里想要尝试的事，有些是在旅行中寻找更多人生的意义，有些则是静静地打发这一年的光阴，用来更好地思考自己。

这就是他们所说的"间隔年"。

在中国，这个概念还没有被许多人了解和接受。

从学生时代到走向工作，并不是每个人都做好了充足的准备。

也许你匆忙地找到了一份工作，之后用三年的时间发现自己并不喜欢，再用两年的时间下定决心离开（或者再也没能离开）。

也许你按部就班，学校一毕业就急忙上岗，想要好好去旅行的念头只有暂时压在心里。你告诉自己“以后再说吧”或者“不去旅行也没什么”，却在后来日复一日的繁忙工作中距离那一场你渴望的旅行越来越远。

对于甲君和乙君来说，这一段意外的“间隔年”也许并非他们的本意。但无论如何，现实带给他们的，就是一年的等待。等待更加清楚自己的内心，等待眼前的道路变得更清晰，等待浮躁褪去，成熟到来。

空白的一年也许会让人焦虑，可真正有价值的“等待”的时光，却只是下一段旅途前必要的准备。

所以这一次，我不想宽慰他们。

我只是想在他们一年的等待之后，为他们下一段更精彩的旅途送行。

其实，我们人生中遇见的“间隔年”，又何止是在学生时代？

无论是高考复读、大学延期毕业，还是工作遭遇瓶颈、爱情经历困境。所有我们认为“浪费”了的时光里，我们都难免会陷入一种“正在失去”的焦虑。

可是这些看似静止的时光，真的是被平白浪费了吗？

假如根没有稳稳地扎入地下，再怎么着急生长，也无法长成参天大树。

无论是“间隔年”“间隔月”还是“间隔段”，其实都不过是一种准备的过程。

画好你心里的地图，想清楚你最在乎的目的地。

唯有准备充足，才能更好地出发。

就像一棵认真生长的植物那样——先扎根，再开花。

自律：你的不自律，正在拖垮你

魏文翼

前段时间到外地出差，和朋友小H见了一面。

当我见到小H时，简直不敢相信自己的眼睛。只是一段时间不见，她就变得头发干枯，皮肤黯淡无光，腰身足足胖了三圈。明明才二十几岁的年纪，看起来却像个中年妇女。

小H耷拉着头，拿着勺子无力地搅拌着咖啡，整个人的精神状态非常不好。细聊之下我才知道，她这阵子生活作息极不规律，三餐不定，经常熬夜煲剧、玩游戏，每天都处于萎靡不振的状态。

小H说，她每天都过得特别颓丧，也不知道活着到底是为了什么。报了瑜伽班，也没去上过几次；打算考公务员，买回一堆资料后却迟迟没有开始学习；制订了读书计划，坚持了几天就没了下文。

小H坦言，她也想改变现状，却总感到有心无力。虽然嘴上经常叫嚷着减肥，但总也戒不掉那些高热量的甜食。成天刷手机无所事事地度日，毫无人生目标可言，好像除了放任自己这么萎靡下去以外，也没有别的办法了。

这样子的小H，映射出社会上很多年轻人的生活状态。他们处在人生的迷茫期，懒惰、自甘堕落、不思进取。他们明知道这种颓废的生活迟早会把自己拖垮，却又不想做出任何改变，活一天算一天，任由自己漫无目的地消沉下去。

最近和朋友蛋蛋聊天，蛋蛋感叹说："真羡慕你们这些从事自媒体行业的，平时就是写写文章，随随便便接一个广告就抵得上人家一整个月的收入了，也无须看老板的脸色，真好！"

听她这么说，我忍不住想笑。她压根儿不了解做自媒体这一行的压力有多大。要经营好一个公众号平台，并不是她想象的那么简单。纵观我身边那些写公众号的朋友，哪个不是每天都在没日没夜地写稿。

圈子里有一个做时尚类公众号的朋友，是个"拼命三郎"。每次朋友们约她出来聚餐，她都以"要写推送"为由拒绝。久而久之，朋友们都知道她忙，也就默契地不再喊她了。

但两年的时间里，看着她的公众号从原先寥寥的几百人关注，做到如今拥有上百万的关注，真心为她感到高兴。从谈广告、写文、找素材、排版、校对，全是她一个人完成。一个人就是一支队伍。

她的“拼命三郎”的经历，让我想起德国哲学家黑格尔说过的一句话：“一个自由的人是一个能用精神控制肉体的人，是一个能够使其自然的情绪、非理性的欲望、纯粹的物质利益服从于其理性的、精神的自我所提出的更高要求的人。”

日本设计师山本耀司，被誉为“世界时装日本浪潮的新掌门人”。他设计的服装，风格与主流时尚背道而驰，却备受世人追捧。从受人冷落，到如今成为影响整个时尚界的设计大师，山本耀司用了二十多年的时间。

在二十多年的服装设计生涯中，山本耀司也曾四处碰壁：因名气不大而被杂志社拒绝采访，在巴黎时装周上惨遭滑铁卢，旗下公司因无力负担60亿日元的债务而申请破产。然而，面对种种挫败，他从来没有放弃他所钟爱的服装事业。

山本耀司有很强的自律能力。他一直奉行“你的工作就是你的人生”原则，强迫自己把工作一丝不苟地做完，从不期待有什么新鲜事发生。工作时，他不理世事，孤身一人在公寓里创作，只为了能设计出让世人惊艳的作品。

如今，七十三岁的山本耀司除了每天依旧坚持工作外，还会抽出时间来练习空手道。山本耀司在四十岁的时候开始学习空手道，坚持不懈练习五年后获得了黑带段位，让很多年轻人都自叹不如。

山本耀司说："我从来不相信什么懒洋洋的自由，我向往的自由是通过勤奋和努力实现的更广阔的人生，那样的自由才是珍贵的、有价值的；我相信一万小时定律，我从来不相信天上掉馅饼的灵感和坐等的成就。做一个自由又自律的人，靠势必实现的决心认真地活着。"

没有谁与生俱来就是优秀的，但凡优秀的人，都是凭着克制与自律，集中精力打磨自己的专业技能，一步一步地成为这个领域的专家。

斯坦福大学有一个非常著名的"棉花糖"实验。实验者会让一个孩子独自在一个房间里面对一块棉花糖十五分钟。他们会在离开之前告诉这个孩子："如果你忍不住你可以吃掉它，但是如果你十五分钟内不吃这块棉花糖，你就会得到两块棉花糖。"

那些没有在十五分钟内吃掉棉花糖的孩子，他们的人生大多非常成功、幸福；而另外的那些孩子则过着相对贫穷、失意的生活，其中有不少被毒品、酗酒、肥胖等问题困扰。

"棉花糖"的实验说明了：对一个人的成功者来说，耐心和延迟享受是一个非常关键的因素。

《挪威的森林》中有一段绿子和渡边的对话：

绿子把搁在桌面上的两只手啪地一合，沉吟片刻，说："也不怎么样。你不吸烟？"

渡边："六月份戒了。"

绿子："为什么要戒？"

渡边："太麻烦了。譬如说半夜断烟时那个难受滋味啦等等，所以戒了。我不情愿被某种东西束缚住。"

想起大学室友廖欢，他就是一个高度自律的人。

当我们还睡得迷迷糊糊的时候，他早已起床在操场上边跑步边背单词；当我们在寝室里打游戏时，他却一头扎进图书馆钻研学问；当我们无所事事地玩手机时，他在校外干着几份兼职的工作。

当时的我们对廖欢的努力嗤之以鼻，觉得他活得特拧巴。好不容易考上大学，摆脱了父母的管束，就该放纵自己撒开了玩，只有这样才能把高中三年没玩够的时光弥补回来。

大学四年一晃而过，毕业那阵子，我们都对前途感到焦虑迷茫，只有廖欢顺利地拿到了一家知名外企的录用通知书，年薪十几万，一跃跻身于精英阶层。

在我看来，所有良好的习惯，都源于日常生活中一点一滴的积累和坚持。短期内可能看不出显著的效果，但好习惯一定会在未来的某个时间点给予你相应的回报。学会自我管控，也就意味着掌握了自己的命运。

无法自律的人，只要遇到问题都会以逃避和拖延来应付，最终也就沦落到一事无成的下场，更别提过上成功的人生了。

好走的路都不会是坦途，那些能走到最后的人，往往都具备了自律的品质。他们有坚定的目标，清楚自己当下应该做什么，不会因无关紧要的事情而分神。

他们比谁都清楚，路从来不在远方，恰恰就在自己的脚下，成功是靠着一步一个脚印走出来的。

真实：回过头来，安心做自己

朵娘

小半生，这三个字读出来，是一种光阴的味道。

从前我喜欢特立独行，一个人背着包去云南去西藏，兜兜转转了大半个中国，又辗转到尼泊尔，四处游荡。然后又掉转方向，步入婚姻。琐琐碎碎，光阴席卷而去，浮生流淌，小半生已经走完了。

忽然了悟：小半生的光阴，都在徘徊、跟随或迎合，戴着无数面具——那仿佛不是我，可那又是我。

雪小禅说："生活真无情。比戏子更无情，把我们雕刻得人鬼不是，有的时候，'不真'反倒成了一种境界。"

于是，我开始写作。写作于我，是一种自我探索，希望于文字中习得自我。

自从开始写作后，"真我"便渐渐变得清晰，内心变得笃定，忽然能静下来了，不再狂躁地四处徒劳奔走，也渐渐有了些趣味相投的朋友，虽然隔着屏幕，不曾相见，却能感受到对方那一颗赤诚的心。

我看着C姐发过来的照片，脑子里浮现出的第一感觉就是：静气。她看起来真的好静，照片上的她犹如安妮宝贝的那张经典照，那是一种银碗里盛雪的纯、静。

我们很少聊天。那时，她已经写了不少好文章，在期刊上也发表了许多佳作，而我还是个默默无闻的小作者。

我们的交情便在互相推送的交集里变得深厚起来，渐渐多了些了解。她说："我们是熟悉的陌生人，因为我们能讲知心话，哪怕没见过面。"

她的文字一如她的人，恬淡温暖，再一地鸡毛的事，经她道来，也是一份岁月静好的气息。

像我们这样在都市里奔波的女人，难免辛苦，焦躁，沟通讲究效率。但她却如一株绿意盎然的葡萄藤，独自静谧攀爬。于她，静静地写字就好，不贪婪，不羡慕，不嫉妒。她的这个以为你知的性格，无意中就得罪了一些人。

有人怨她没有点赞，有人怨她没有提携，有人拉黑她。然而，她却无所谓，笑笑并不以为意。

她说："你看，你就懂我。"

是的，我懂，我想大概是因为我们属于同一种人吧。

是呀，无论你是哪种人，总有人欣赏，总有人讨厌，然而，一切终将过去。做自己，才能成为一道独特的风景线。

艾米出生时脸上就有块巨大的胎记，为此，她受尽了嘲笑，大家都叫她斑点脸，这让艾米变得非常自卑。

十一岁的艾米学会了化妆，她用化妆遮去脸上的胎记，用忙碌掩盖内心的自卑，用勤奋去追逐满足。后来，艾米成了名气很大的美妆博主，成了拥有许多粉丝的网红。

然而，艾米内心的自卑感一直存在。她的内心总是不安，不化妆的她绝对不敢出门。谈恋爱后，她更是过得忐忑，生怕男朋友发现自己的真面目。

是的，她一直戴着面具生活，戴着面具谈恋爱。她不敢面对自己的“缺陷”，时常会因为这些“小缺陷”而感到痛苦和自卑。

小半生就这样过去了，艾米看似功成名就光彩照人。然而，每当深夜独处，只有她自己才知道内心深深的落寞。终于，艾米选择直面“痛楚”，选择做真实的自己，她当着男朋友的面，擦去脸上一层又一层的粉，露出了巨大的胎记。

让她感到幸福无比的是，男朋友没有她预想中的被吓跑，也没有和她分手。她男友说：“无论你变成什么样，对我来说都没有区别。”

和男友在一起后，艾米开始找回内在的自信，她说：“一枚小小的胎记，不应该把我的人生彻底定义。即使不是美人，我们也要接受自己，认可自己，做真实的自己，让这个世界也真诚地爱我们。”

做真实的自己，才能问心无愧地绽放在阳光下。

我是今年四月份认识的猫老师，我常叫他猫哥。

我在“猫”群里属于说话比较少的人，相比群里其他活跃的朋友，少言寡语的我是那么不起眼。

那段时间，我一个人在暗自努力，但总会不时地收到猫哥的鼓励。他甚至在他的微信里，推了我一把。我的微信公众号最初的粉丝，就是来自他的推荐。

我和他素未谋面，他犹如某作家描述的那棵大树，叶冠巨大且密，照顾着树底的小草。

和猫哥打过交道的人，无论名气大小，都会被他的品德和气度感动。他对每一个人热情地给予回应、肯定和鼓励。我想，这也是他的微课达到六万人次之多的主要原因吧！

他的微信公众号已经有近百万的粉丝，但他仍坚持回复每一条留言，让再微小的声音也能及时得到回应。那什么“能量不够，聊不到比你牛的牛人”的道理，在这儿并不存在。

张岱说：“人无癖，不可与交，以其无深情也；人无疵，不可与交，以其无真气也。”但有真气之人甚少。

有人问抗震小英雄林浩，在姚明身边当旗手威风不威风，孩子真诚地回答："没觉得威风，就觉得姚明比我高好多。"

有的人就像这个小孩，真，真得让人喜欢，那是一种未经污染的少年的真。

人到中年，是时候修炼修炼这一颗心了，让它露出本该有的生命本色，再也不想去聚众扎堆人云亦云，再也不想去讨好迎合浪费光阴。

三毛说："我不吃油腻的东西，我不过饱，这使我的身体清洁。我不做不可及的梦，这使我的睡眠安恬。我不穿高跟鞋折磨我的脚，这使我的步子更加悠闲安稳。我不跟潮流走，这使我的衣服永远长新……"

当然，是喜欢清淡似水，还是热闹繁华，都在于自己的内心，因为，只有自己最懂得自己，要什么，不要什么。不是所有的鸟儿都生活在同一片森林里，做自己才最惬意。

每一个人都有属于自己的一片森林，迷失的人迷失了，相逢的人会再相逢。

是的，人生如此之长，我们总是在不停地相逢，而最舒适的相逢和邂逅，是遇到和自己灵魂最接近的人和物，而最美的邂逅，是遇见自己。

回报：想做好一件事，先放下功利心

米格格

前几日，我与闺蜜谈到职业规划，她颇为感慨地说：“我现在才知道，你当初跟我说的，做事不能有太强的功利心究竟是什么意思。想起去年这个时候，我的确是太功利了，以至于很多事情都看不清、看不透。”

闺蜜现在在一家公司做项目经理，正有辞职的打算。早先来这家公司，她是冲着策划文案的职位去的，但在一次小小的意外事件后，她开始担任项目经理。当时，我就提醒过她，一定得想清楚，自己是不是真的喜欢这项工作。

她说，想做一些全新的尝试，也想替公司拓展业务。可通过之前发生的一些事和她对事件过程的描述，我已知道，那家公司的平台和领导的行事作风，很难与她的个人志向达成一致。说白了是平台与个人理想难以达成共识，没有共同的企业文化理念，这样的关系是很难长久的。

果不其然，她在担任项目经理之后，状态就逐渐发生了变化。最明显的当属对待工作和金钱的看法。记得那年夏天，她不止一次提到，项目提成的计算和分配方式。其实，她那时已经表现出了对这份工作的失望，坚持是为了有始有终地完成一届展览，还有一部分原因是为了奖金。

多赚一些钱，让付出有所回报，这是天经地义的事。毕竟，我们生活是要接地气的，说不要工资就只干活的人，是不现实的。但有一个观点，我始终不曾改变——做自己真正喜欢的事情，像匠人一样精益求精，全身心投入到所做的事情中，不被名利、金钱这些东西所干扰——你做得好了，那些东西都是附加值，自然就会随之而来。

那几个月，闺蜜的内心应该是有些犹豫的。当她与我谈论起自由撰稿人的工作和月薪时，直言不讳地说："按咱们现在的情况来说，月收入几万元不算高。"

那一刻，我突然觉得她好陌生。从前的她不是这样的，但那个唯利是图的环境，把她变成了一个功利心十足的姑娘。我问她："难道一件事情的价值，就只能用金钱来衡量吗？"她想了想，说："倒也是。"

偶尔理念上的不同，并未影响我们的友谊。前些日子再聚，时间已过去一年，期间发生了不少事，而她似乎也对自己的职业方向有了清晰的认识。我跟她提及有一个项目将来想与她合作，结果我们不谋而合，她也有此打算。

她说，真的热爱一件事，才会发自内心想把它做好。

是的，当一件事情做到最好时，所有的附加值都会随之提高。这几年我在生活和工作中的经历，都证实了这一点。

某天夜里，小伙伴以北找我，说真的有人找他来做运营了，并且有长期聘他做兼职的意向。

说实话，我真心替他高兴。我的公众号运营到现在，也有半年多的时间了，若没有以北的帮忙，我可能真的没有心力去定时编辑、推送，而他完全是义务帮我。在刚开通原创功能时，他为了设置格式，忙到凌晨一点多。我知道，他很喜欢录音频，以前都是在喜马拉雅FM和荔枝FM播放，后来，我想干脆让他在我的公众号里做，不仅仅是播我的文章，就像做他自己的公众号一样，喜欢什么就读什么。

我相信，磁场共振的人，无须太多的言语解释。我们之间的合作，就这样开始了。期间，他也曾因为公众号掉粉的问题紧张过，但我跟他说："不管有没有人关注，我都会写下去。因为，我喜欢这件事，从来都不是带着功利心去写的。只要你喜欢读，那就去做吧，坚持下去，总会有好的结果。"

他每篇文章都读得很用心，虽然偶尔也会遭到一些小伙伴的抨击，但他一直坚持着。不久前，他想找一份兼职工作。前天恰巧就有人找到他，请他做公众号的运营，他帮忙做到了夜里三点，对方为了感谢他，转给了他500块钱。以北很惊讶，着实没有想到。

我告诉他，这是他应得的。虽然会做后台运营的人很多，但这份态度却是难能可贵的。多少人在未曾做事之前，就先强调报酬，而不是以自己的态度和能力告诉对方，自己究竟有多大的价值。

那家公司一定是被以北的真诚打动了，将公司的后台运营完全交给他，得到认可、被人赏识、收获惊喜的幸福，是金钱买不来的。

做一件事，就得秉承一份匠人的态度，这也是我给自己定的标准。每次谈合作，都会涉及钱的问题，但我总是先拿出自认为满意的文案给对方，再去谈价格。有时，初次合作的价格会低一些，可我若真心喜欢那个选题，我也会做。因为我相信，感兴趣才能写好，写好了自然会有人买单，至少合作者会看到你的诚意。往往到了下一次，不用自己开口，收入也会比绞尽脑汁一心只想多拿钱的人多得多。

这个世界处处散发着功利的气息，可越是生活在浮躁的环境中，越得守住自己的心。我们的努力，不是急功近利，在多少人为了钱趋之若鹜的时候，我更愿意像匠人一样专注地做点事情，不带任何功利心。

我不想做陶渊明，也没有逃离世事的打算。我只想在这个功利的世界里好好地活着，成功地活着，这是我的心里话。可我也知道，饭得一口一口吃，路得一步步走，站不稳就想跑，必定摔跟头。

付出与回报，其实是公平的，你做了多少，就算短期内别人没看见，可日久天长，你的变化和提升是有目共睹的。

当你真正地意识到现在所做的一切都是在为将来的自己积累资本，就没什么可抱怨了——因为你正走在不断变强的路上。

NO.6

总有一些日子，

你要过得与众不同

出众：在人生历练中变得与众不同

玄窗雪

总有一些人天生与众不同。

我去丽江旅游，途中认识了一个名叫小米的女孩。她是厦门大学大二的学生，个子高高的，皮肤白皙，梳着马尾辫，看上去朝气蓬勃。

她说，她的梦想是周游世界，于是先从国内开始。十八岁那年，她带上暑期打工赚的钱，去了“山水甲天下”的桂林。起初她父母强烈反对，担心一个女孩子单独出行不安全。但几年下来，爸爸妈妈已经习惯了她的远行。

我问她：“只用暑期打工挣来的钱，够你旅行的开销吗？”

她说：“钱当然是很紧张的，我纯属穷游。我不想伸手跟父母要，因为旅行是我个人的事。我自己的事我自己来处理。只要我能保护好自己，安全地回到他们身边，就是对他们最好的交代。至于旅行中遇到的一切问题，我必须学会自己去面对，去解决。

我不能因为自己的爱好而增加父母的负担。”

我又问：“为什么不等大学毕业，有了工作，经济稳定后，利用休假的时间再去旅行呢？不比现在穷游更好吗？”

小米笑嘻嘻地说：“姐姐，有钱可以更好地享受，给旅行提供诸多方便，但对我而言，旅行是一种仪式感，能让我认识另一个自己。这种仪式感如同成人礼，只不过参加成人礼的人未必是成熟的，而旅行中的仪式感，能让我变得更成熟。我在旅行中学会了独立，学会了与人相处，眼界更加开阔，心态更加自信。这些都不是金钱能够买来的。很多事情，也许只有年轻的时候才有勇气和胆量去做。青春很短暂，我担心再不疯狂就老了……”

小米的话，让我听得汗流浃背钦佩不已。

是的，人生中有很多特殊的仪式，每参加一次仪式，我们都会有所成长。

青春年少时我受三毛的影响很深，发誓将来也要像她一样做个背包客，走遍天涯海角。但当年只是想想，却没有小米说走就走的勇气。如今，虽然偶尔也出去旅行，但无论是体力还是心态，早已不复当年。

我们总是习惯对自己说，等有钱了就怎样怎样，等我有时间了就怎样怎样……可是，当等到有钱的时候，却发现没有时间了；等有时间的时候，很多事情已经时过境迁了。

没有什么人什么事会一成不变，一如既往地在原地等你的。所以，趁还年轻，想做什么就去做吧，比如来一场说走就走的旅行，或者来一次华丽的冒险，这是年轻的专利。

小米想要的很简单，其实一个纯粹的、快乐的人，想要的都很简单。

单位里有个女孩，特别让人欣赏和喜爱。有一天她来上班的时候，提了一个非常有特色的包包，包包的图案富有异域风情。大家问她是从哪里买的。她骄傲地告诉大家，是她自己的作品，原创的。原来她对包包一直情有独钟，而那些名包不是每个人都买得起，即使买得起，也未必适合自己。于是，她就自己动手，制作了专属于自己的包包。她说，满大街找不到一个包包和她的一样的，她超有成就感和满足感。

实际上，这个女孩制作包包的过程，不就是一种仪式感吗？有时候做一件事，不需要花什么钱，只需赋予它特殊的意义，让它充满仪式感，就能让自己无比满足。

我相信，每个人都希望自己与众不同，但与众不同不应该仅仅表现在表面上，比如标新立异的打扮，无厘头的语言或者通过做一些过激的举动来求关注。真正与众不同的人应该有成熟的思想，有执着的追求，做事有自己的原则，敢于坚持自己。不模仿不攀比，气质独特，追求品位，有独特的个人见解，敢走一条别人不敢走的路。

我们还可以通过运动健身、休闲时尚来张扬我们的青春，可以通过大方得体的衣着、优雅脱俗的举止来提升自己的魅力，可以用满腹诗书来滋养我们的心灵，用真诚和友善来驱散生活的忧伤。

其实，每个人都具备一些与众不同的特点，只是很多人在成长的过程中，把自己许多优秀的特质给丢了。有时候他们为了迎合世俗，为了取悦或者试图成为某种人，而把真实的、独特的自己隐藏起来了，逐渐就“泯然众人矣”！这个世界上，每个人都是独一无二的，选择做自己是非常重要的。你无须成为任何人，做最优秀的自己，比做任何人的复制品都好。

所以，要释放自己，取悦自己，活出与众不同的自己。

青春是非常短暂的，稍纵即逝。平庸是一生，不凡也是一生，做什么样的选择就会走什么样的路。想要自己的人生与众不同，就要自己创造条件改变自己，取悦自己，让自己活得精彩。

平庸与独特往往只是一步之遥。你可以不够美丽、帅气，但必须独具特色。放眼望去，这个世界真正有魅力的人，都是懂得取悦自己，勇于做最简单的自己的人，这难道不引人深思吗？

仪式感的意义是把本来单调普通的事情，变得不一样。我想，营造仪式感的前提，应该是先让自己变得不一样吧。毕竟，做事之前先做人。我相信，你也这么认为吧。

有趣：用力去关心世界

张梦璐

我的朋友们都喜欢和阿群做朋友，因为他有趣。

可在古板的世俗观念里，阿群是个不务正业的人：十几岁时不好好念书，书包里成天塞着小说，不写作业也不听课，下课了就跑去跟人学弹吉他，有时候他也会去校区外面的饭店帮忙。我们常常下课跟着他，去店里蹭丸子吃。在别人眼里，阿群是那种胸无大志的人。

大人不许我们和阿群待在一起，因为他什么也不会，就知道不务正业。可我们仍然无法拒绝阿群的吸引力：阿群的书包里有看不完的小说，阿群的脑袋里装着跑不完的小街，阿群还会拿着把破吉他天天乐呵呵地唱英文歌。于是大人们很生气，他们苦口婆心地劝我们说："你们现在只知道玩哟，哪里知道像阿群这样的小孩只能玩一时，不能玩一世，知道了生活艰辛他就玩不得了。"

我们因此感到害怕，有几个小伙伴渐渐地和阿群疏远了关系，阿群毫不在乎，还是天天背着小说带着大家四处野。

有那么几天，我替阿群担忧，是真的出于对朋友关心的那种担忧——他这样一个爱玩的人，如果将来真的没得玩了，岂不是会很难过？

但是事实上我的担心是多余的，十七岁的阿群背着满书包的小说带我们跑遍大街小巷；十八岁的阿群没能考上大学；二十岁的阿群成了一名厨师，晚上做做饭，白天玩音乐，有时还写写以厨子为主角的小说；二十出头的阿群照样背着背包到处跑，有时在家乡，有时在外面。总之，阿群还是玩得很开心。

所以直到二十岁，我才知道大人们“骗”了我们。他们苦口婆心地想要我们相信的，不过是“快去学习、去学习，这样你就可以有好未来”。

但是那个未来，是什么呢？

成年以后，我们有一次聚在一起看电影，是日本导演是枝裕和的《奇迹》，电影看完，大家都很泄气。因为看惯了大团圆的结局，对这个不完满的结局有点接受不了。电影中虽然两兄弟的感情还很好，但终究还是一家人一起生活的幸福家庭比较让人满意。于是有人埋怨他们父亲的不务正业，如果不是他坚持要做一个不务正业的音乐人，就不会导致夫妻俩离异，两个兄弟也就不用分隔两地了。

阿群摸摸头："不是也挺好的嘛，比起其他的事情，果然还是关心'世界'比较重要吧。"电影里，哥哥航一和弟弟龙之介，有着完全不同的两种人生观。哥哥少年老成，一心希望这个家庭能和其他孩子的家庭一样是完整的，而弟弟则遗传了父亲随性的生活态度，关心音乐，关心园子里的蔬菜。

哥哥和弟弟，拥有完全不同的人生观，照此发展下去，可以想象，哥哥一定会成为我们父母所期待的那种人，成熟稳重，有家有业，但没什么特别的。而弟弟，大概会成为阿群吧。

我不能评判两种人生究竟孰好孰坏，但是，有一个场景，哥哥在放弃让父母复合的念头后，打电话给父亲。他的父亲一手拨着吉他，一手拿着电话对他说："航一呀，我希望你，多关注一下世界。""世界？"还在念小学的他大概不能完全明白世界的含义，也不知道跟着妈妈的他还有没有机会了解"世界"一词的广博。

"世界"代表着什么呢？代表着清晨的第一缕阳光，代表着园子里的蔬菜，代表着在地铁里演奏的歌，代表着卢浮宫里的画作。总之，"世界"代表着一切有趣的事情，代表着一切生活。所以父亲担忧的是，这个少年老成的儿子，可能会被社会规则所拘束，慢慢成为一个无趣的人。

或许，他的父亲比母亲清楚，人活着是要有些趣味的。因为，当年华逝去，决定了你这一生大部分时间是在“生活”还是“活着”的，正是那些你用力关注着世界时的有趣时光。

独立：你有多独立，就有多自由

朵娘

见过一对夫妻，他们是同校的学长与学妹，两人是在社团活动时认识的。和他们待在一起久了，你就会发现，他们就像两条畅游在蓝色深海里的鱼，在想象力、广阔的世界与知识的海洋中穿梭。

他们两人有共同的兴趣爱好，自大学起，就背包一起骑行西藏，徒步云南，也能通宵达旦一起看老电影。

男生研究生毕业后去了美国读博，女生留在国内某大学任教，后来，男生因为课题研究，在美国又多待了几年。期间，俩人一直保持着异地恋。

很多人，走着走着就掉队了。很多情，谈着谈着就淡了。很多关系，到最后也只剩相识一场。

然而，他们却因为距离，感情越来越浓。男生事业有成，女生在教学之余学摄影、写书。今年，男生回国，俩人走进了婚姻的殿堂，看他们相处的模式，真有种无拘无束岁月静好的感觉。

我问男生："留学期间，你对她放心吗？她会不会打越洋电话找你哭闹。"

"不可能，笑笑比我还忙，我打电话找她哭诉还差不多。"

我又问女生："你不怕他变心？毕竟你们分开了这么多年。"

"我相信他，但更相信我自己什么样的结果都能承受。所以，我真的一点儿都不担心。"

我问男生："你呢？"

"不会有这样的事儿，我俩都是独立的个体，有各自的理想和兴趣爱好，因为这些追求，我们可以活得很充实。当然，我们也很幸运，因为在这些理想和兴趣爱好中，我们有共同的交集。"

爱情及两性的平等，很大程度上依靠自己去争取。你有多独立，爱才会有多自由。

我读到一段文字：我在意大利几乎没自己拎过旅行箱，因为意大利男人都好热情，但在挪威，从头到尾都是我自己拎箱子。

挪威是一个女权意识比较发达的国家，挪威的法律规定了女性在政治与经济生活中，拥有和男人一样的权利。同样，挪威的女人不会享有中国式产假，挪威男女产假一样长，父亲是十个星期，母亲也是十个星期……

挪威男人不帮女人提箱子，一，因为挪威男人没有照顾女人的习惯；二，他们担心帮女人拎箱子会被看作是性别歧视；三，这是女人自己的事。

可是，即便如此，挪威的女人们还是愿意做挪威女人。

为什么？

因为自由。

她们认为箱子没人帮忙拿，产假没有那么长，性别弱势照顾也没有了，但正是因为这种独立，她们拥有了更多的权利，她们能自己决定做什么事，能做的事也越来越多，更能主宰自己的命运。

独立，累的是身体；不独立，憋屈的是心灵。

越独立，越自由。

结婚后发现：独立是婚姻的基石。

任何时候，光想着靠别人，而不是养大自己的心，养肥自己挣钱的本事，就有可能随波逐流，最后完全被他人左右，还要抱怨自己"命不好"，没有找到可靠的男人。

靠一个人养着另一人的婚姻，不是最持久的婚姻关系。

学琴时，认识了一位大姐。她是那种永远在向上爱折腾的人，她说这些年她一直在折腾，而照顾孩子打理家庭的事多亏了她老公。

我们都羡慕她，说她有个好老公。

她转而感叹道："你们羡慕我，但是好多人羡慕我老公，说他找了一个有钱的老婆，不需要在外打拼。你们不会想到，因为这些原因，这些年，我老公没少罢工，没少和我吵架，大有离家出走之势。或许，过些时候，我真该收敛回归家庭，让他去外面独立闯荡一番。”

深圳是座年轻的城市，也是年轻人向往的城市。

每个人都是父母心中的宝贝。然而，进入社会后，那些能迅速独立、不依附家庭、勇敢地逃离父母打造的舒适区，在生活的磨练下探索、建立、追求自我，才是真正的强者。

S在深圳与老家之间来回切换了好多回，每次工作遇到不顺利就辞职回家，回家后又不甘心，只得再次选择深漂，然而依然受挫。

她的每份工作都撑不过五个月就会打道回府。S最近已在老家待了近半年，就为了干一件事——相亲。而她，还不到二十四岁。

当然，这是个多元的世界，有人无争无求，那也无可厚非。

但在面对现实时选择逃避的人，往往会一事无成，因为选择眼前的安逸，难以独立。经济上独立不了，心理上也断不了奶，可又不甘心自己一事无成，只能在某个角落里自怨自艾，抱怨世界不公平。

所以，每次同学聚会，都会有人羡慕地说：

“某某同学过年没回家，带着全家人坐游轮玩转世界去了，有钱就是自由！”

“某同学买了宝马车，带回了漂亮的女朋友在家大摆婚宴，有钱就是任性！”

“某某同学又升职了，听说已经做到了中国区总裁，想当初，我们还一起去找工作呢，这世界真不公平。”

既然无争无求，那么，就用不着感慨世界不公平了吧？

铁打的世界，流水的关系。在这个快速发展的时代，连独立都做不到，就不要怪人情淡漠，世界不公平。

至于自由，那就更不用谈了吧？

守时：你有多守时，就有多靠谱

魏文翼

上周去参加一个聚会。到了约定的时间，大家纷纷入座，只差乔乔迟迟未到。一桌人一边聊着天，一边饿着肚子等她。期间有人给乔乔发了数条微信语音，她总是回复：“就快到了。”

等了将近一个小时，乔乔才姗姗来迟。

乔乔是我们朋友圈里出了名的迟到大王。对她来说，迟到十五分钟或半小时，都属正常。乔乔从来不懂得时间规划，每次和朋友约会见面，她都要迟到，往往是快到点了才磨磨蹭蹭地开始化妆，然后拎起包急匆匆地奔赴聚会。准时赴约对她来说，就好像吃了大亏一样。

一次两次不准时，别人可能不会特别介意，可一旦次数多了，就是一个人的素质问题了。

有朋友皱着眉头抱怨了一句：“怎么那么迟呢，等你等得黄花菜都凉了！”

谁知乔乔却一脸不以为然地说："我是女孩子啊，让你们等一会儿又怎么了？"

在她看来，女孩子出门需要化妆打扮，所以迟到是很正常的。可是我们都认为，要是乔乔每次都能预留好足够的时间来做准备，就不至于把自己弄得这般仓促狼狈。

我们身边，从来不乏那些缺少时间观念的人。他们从不自责，认为偶然的不准时无伤大雅。久而久之，当这种习性融入他们生活的每一个细节里，就会对他们的事业发展与人际交往造成不良影响。

守时，是一种基本素养。只要和朋友们约好了时间，在没有突发意外的情况下，都应该按时赴约。

若是平白无故总是迟到，总是让别人把时间浪费在毫无意义的等待上，事后甚至还没有半点儿愧疚之意。在我看来，这就是自私缺乏修养的表现。

前一阵子，我协助公司人力部进行了一次招聘工作。

面试的时候来了不少求职者，我和同事们忙活了整整一上午。临近中午，我们收拾简历刚准备离开，一名求职者满头大汗地跑了进来。

问他迟到的原因，求职者给出的理由是："由于不熟悉路线，因此耽误了面试的时间。"

求职者离开后，我仔细翻阅了他的简历，发现他是一所名校毕业生，而且各方面条件都非常适合公司招聘岗位的要求。我问了身旁的人事主管任姐，她却叹了口气说："很可惜，这名求职者咱们公司不予录用。"

任姐接着说："我并不否认他的能力。可是面试迟到，就说明他对这次应聘没有足够的重视，为什么他不预留出充足的时间来处理路上可能遭遇的突发情况。连面试都不能做到准时的人，也就说明了他不具备良好的素质和责任心，公司当然不能放心地把重要的工作交给他。"

一个人的时间观念非常重要，它甚至决定了人与人之间的第一印象。人们往往会根据这种最初印象，来判断对方是否值得信任和支持。

作家刘墉在美国大学教书的第一学期结束后，为了了解学生们的想法就跟学生们讨论，请大家对他提意见。

"教授，你教得很好，也很酷。"有个学生说，停了一下，又笑笑，"唯一不酷的是，你在每堂课一开始时总会等那些迟到的同学，又常在下课后拖延时间。"

刘墉一惊，不解地问他："你不也总是迟几分钟进来的吗？我是好心好意地等，至于我延长时间，是我卖力，希望多教你们一点儿，有什么不对呢？"

全体学生居然都叫了起来："不对。"

然后有个学生补充说："谁迟到，谁就是不尊重别人的时间，你当然不必尊重他，至于下课，我们知道你是好心，想多教一点儿，可是我们接下来还有其他的课，你这一延迟，我们下一堂课可能就会迟到。"

香港畅销书作家梁凤仪有一次应邀到北京某大学做报告，时间定的是下午三点。谁知去大学的路上堵车了，下午四点才抵达。主持人一再强调："梁老师迟到是因为堵车了。"

但是，走上讲台的梁凤仪觉得自己是不可原谅的。她深深地鞠了一躬说："各位同学，我在此向大家诚恳地道歉！在北京，堵车是常事，但我不应该以此为借口，我应该把堵车的时间计算在内，做好充分的准备。我知道今天在座的有一千位同学，我迟到的这一小时，对大家来说，就是浪费了一千小时的生产力量，影响了一千人的心情啊！我只能盼望你们的原谅——我要是提前一个小时出发，尽管自己多花费了一小时，但却可以避免一千小时的浪费。"

每个人的时间都是宝贵的。有教养的人，绝不会肆意浪费别人的时间。建立严格的时间观念，既是对他人的尊重，也是个人素养的重要体现。

我的前辈同事刘叔，每天都是最早到达公司的员工。当其他人神色匆匆，掐着时间赶到办公室时，刘叔早已收拾好桌面卫生，泡好一壶清香的普洱茶，淡定而从容地开始了一整天的工作。

刘叔的这个好习惯，陪伴了他二十多年。

人和人之间的差别，其实全在于细节。守时的人，做事从不拖沓，内心始终遵循着某种秩序。他们认为，提前做好时间规划，以积极的态度面对生活中的每一件事，才能大大降低因拖延而造成的焦虑风险。

守时是一种处事态度，也是这个时代稀缺的一种品质。

我曾经细心地观察过身边那些时间观念强的人。在他们身上，由始至终散发着一种受人尊重的信任感。他们有强大的自律能力，言行中无不透露出良好的教养。和他们打交道，我总是心存敬畏。他们选择了走在时间的前头，掌握主动权，所以在应对任何问题时都能做到不慌不乱，游刃有余。

守时，是社交礼仪中最基本的礼仪。越是守时的人，往往越靠谱。

美食：爱吃的人，心情总不会太差

张梦璐

每一个对生活失去期待的人都该去逛逛超市。那些摆满食物，等你来“爱”的食品超市。

琳琅满目的蔬菜被洗净，一排排整齐地摆放在菜架上，舒服地吹着凉凉的喷雾。碧绿的叶子油光发亮，似乎只消看一眼就能获得满身的力量。还有那些挂在铁钩上的肉食，做错事一般垂着头的整鸡，白里透红的猪脚，逛一圈下来，总让人有一种“世界上好吃的这么多，怎么能不让人热爱”的大彻大悟。

爱吃的人心情总不会太差。

我有一位朋友，新房装修时，她特别交代家装公司，厨房，一定要用最好的设计与材料。后来我们去她家喝乔迁酒，她在厨房里忙碌了一上午，各种厨具依次上阵，大大小小的锅子各司其职，火苗在锅下跳跃不停，水在锅里咕嘟冒泡。我偷偷掀开做好的菜肴，一股幸福的味道立即扑面而来。那一瞬间，我再也没觉得这是一间充满陌生的距离感的新房，相反，这里充满了家的爱意与温暖。

我们对朋友的厨艺大加赞赏，也把心底的疑问放出来："你每天这么早就起来做这做那，一定很累吧？"哪知朋友完全不当回事，笑笑说："怎么会累！做饭就跟变戏法似的，不同的配料煮出不同的味道，变魔术一样有趣。"

烹饪会上瘾，这也是她透露给我的秘密。

她说她有段时间曾非常消沉，工作遇到了瓶颈期，常常被上司旁敲侧击地批评。每天下班，她都像是被吸走了元气，手越来越软，挎包却越来越沉。回到家也没什么心情做饭，冰箱里的残羹冷炙，随手一热，凑合着吃下。吃完了她就坐在椅子上发呆，想着"我这样工作真的好苦，这样的人生好没意义，连顿热菜热饭都没有心情吃，还不如去死算了"。她被自己悲观厌世吓了一跳，只好打电话求助同城的一位好友。

好友来到她家，倒掉了冰箱里的剩饭，藏起了橱柜里的速食，然后拉起懒懒地窝在靠垫里的她，说："来，我们去吃点好的。"她懵懵懂懂地跟着她出门，可是她并不是被带到某家餐馆，而是被带去了附近的一家超市。好友一手拉着她，一手推着购物车，在各色蔬菜间穿梭。红的灯笼椒，绿的油麦菜，新鲜的鲳鱼，德国原产的香肠，还有切成片的袋装芝士，好多她平时并未留意的食材和调料……她默默地跟在后面，忆起小时候跟着母亲逛超市的情景，那时在她眼里，满满的货架就是满满的新鲜感、满满的好奇心。母亲会用架子上的东西变出各种各样的美味，所以她对逛超市始终抱着期待。可是这种期待随着她独自生活渐渐地消失了，一个人吃饭，做饭都成了负担。

回到家她倚在门边，看着好友在厨房里忙碌，不知是肚里的馋虫作怪，还是幼时的记忆复苏，她竟然有些期待：那些铁黑的锅里，究竟能变出什么美味？等到饭菜上桌，她迫不及待地拿起筷子大快朵颐。

等热乎乎的食物塞满她的半个肚子，她懒洋洋地躺倒在椅子上，她竟然生出了一股久违的豁达：明天的事就交给明天，今天就先好好饱餐一顿，人生这么长，问题总有办法解决。她对自己突然闪现出的自信感到惊讶，可同时她又挺喜欢这种自信，她把它叫作——吃货的自信。

从此，她改变了自己的生活。对她来说，做饭不再是日常的家务，而是一种爱好，一种放松方式，一种精神“食疗”。再后来，做菜已不是一种自享，而是一种分享，做给朋友吃，做给家人吃。饭菜里有了心意，有了牵挂，还怎么舍弃得了？

日常生活平淡无奇，可它也蕴含着最朴素的力量。几款热汤热菜，大冬天里的一杯热水，我们依靠食物维持生存，还能依靠食物创造愉悦的生活。

无论眼前多么艰难，也要设宴款待自己。如果能拥有这种心态，用心煲一锅汤大概比那些隔靴搔痒的“心灵鸡汤”有效。

非凡：平凡简单，安于平凡不简单

黄兰

T小姐是我们小区里唯一没上完高中的女生。

高三那年，她被分到了普通班，没过几天，她就告诉她爸爸说不想上学了。以她的成绩，很难考上什么好大学，她想学一门手艺安身立命。

一个月后，她去了长沙，学习服装设计。

再次见到她时，我已经上大学了。

假期我一个人在家看杂志看电视时，她过来给我做了一碗热腾腾的面，还打上了荷包蛋。我笑赞她变贤惠了，她轻轻地说，一人在外，做饭只是生活的必备技能。

她偶尔会翻我的书，看到《西方经济学》《国际贸易》等书，眼睛一亮，问我，上大学有意思吗？我对她说，我们如何淘气，教授如何开出一长串的书单，宿舍里的卧谈会有多热闹开心……她静静地听着，最后说道："呵呵，跟我们的状况不一样。我们都在学剪裁呢！”

我知道，她的服装设计课只有一年，她马上要走进社会了。

很久以后，我听到一个词叫“新常态”。

那时，我们的常态就是念书上大学，我们不理解她的选择，但见了面也只是嘿嘿一笑说一句“你真酷”，她也从不解释什么。我想，她选择了一种新常态。

有一次，她打电话来借一百元钱，两个月后还给了我。原来，那段时间她在找工作，钱用完了。选择读服装设计的事让她妈妈生气了半年，所以，她也不好意思向妈妈要钱。她就用这一百元钱撑过了半个月。当口袋里还剩十元钱的时候，她去买了彩票，竟然中了三百元。她说那一刻，她又相信了自己的选择。一周后，她被一家服装公司录用了。然后，从服装助理一步步升到助理设计师、设计师，市面上开始出现她的设计作品。

后来，她回到老家，租了市中心的一间旺铺，做高端服装。

她说，以她当时的成绩只能上普通大学，毕业后也只能当个普通职员，与普通人结合度过一生。但这不是她想要的人生，她想另辟蹊径，虽然她也恐惧，但她愿意在拼得起的年纪里努力去拼一下。

她的话深深地震撼了我，一直以来，我都被别人安排着，家人、老师、上司，随遇而安，得过且过。可是，已经二十四岁的我，依然一无所有，一种莫名的不安涌上心头。

我开始思考自己到底喜欢什么，想要什么。

两年后，我升了职，可是并不开心。而我的恋爱也并非一帆风顺，我与男友渐行渐远，然后分手了。

我想到了她，她的事业一定很顺利吧，谁料她说："我的店半年前就关门了，亏了很多钱。"

我惊诧地问："那你怎么还这么快乐？"

她笑嘻嘻道："因为我要生宝宝了啊！"

她与男方闪婚不过三个月。

我说："你这样匆忙靠谱吗？"

她说："我还真没想那么多。"

我愣了愣说："你这赌注下得有点儿大。"

她避开了我的话题，问："你出什么事了？是感情上的吗？"

我说是。

她说："离开的都是不对的人，不用难过。"

时间是抚平一切伤痕的良药。

我进入了婚姻继续为事业拼搏时，她抱着可爱的宝贝出现在了我面前，素颜素衣，笑得很甜。她说这不就是生活吗？

我们一起翻看初中毕业照：曾经那个打篮球很好、学习成绩第一、长相又帅气的男孩，如今是一个上班从不迟到、认真努力的企业中层干部；曾经的班花，如今带着孩子在商店与菜市场之间穿梭；曾经是班里最捣蛋的留长发的男孩，如今剪了平头，对人谦和有礼。

在时间的大河里，我们无法逆流而上。

时间让我们在某个阶段自命不凡，让我们在某些人眼里卓尔不群，可是终将回归平凡。

她噘噘嘴，指了指她的宝贝儿子说道："不知道这个小家伙以后会选择什么，又会在哪个阶段闪耀发光？"

是啊，此时，宝贝儿在她眼里是可爱的，可是未来他会有怎样的人生，会在哪里跌倒，在哪里闪耀，谁也不知道。

我们唯一知道的是，大部分人终究会归为平凡，可是岁月静好的平凡人生有什么不好呢？

周国平说：人世间的一切不平凡，最后都要回归平凡，都要用平凡生活来衡量其价值。伟大、精彩、成功都不算什么，只有把平凡生活真正过好，人生才是圆满。

我们最终都会归为平凡，但愿但愿在这平凡中你也是个有故事的人，不至于成为泛泛之辈，在岁月的沧桑中虚度人生。

生趣：舍得为生活花时间

朵娘

和闺蜜一起遛娃，她提议带娃去探索大自然。

当时已经是下午四点了，我说："都这点了，咱们还是别去公园了吧，距离有点儿远。"

她笑笑不答，却将我们带到了离家不远的一块废弃之地。

她说："这儿未来会建所学校，暂时还未动工，所以长满了荒草。雨后，草丛里会有一些小生物，比如蜗牛。"

我家姑娘朵儿常听《蜗牛与黄鹂鸟》，但并未见过活的蜗牛。听说可以看到蜗牛，她激动得拍起小手。

看来闺蜜经常带孩子来这儿探险，只见她三下五下就找出了两只蜗牛。

孩子们围着蜗牛兴奋地叫着，特别是朵儿，小脸涨得通红，快乐地说："妈妈，妈妈，我看到蜗牛啦，蜗牛原来长这样子的呀。"

我带着孩子们看蜗牛，闺蜜转身又去草地寻觅新的了。不一会儿，她就摘了一大把小雏菊和树枝树叶出来了。只见她像变魔术一样编出了一个花环，递给朵儿。

朵儿姑娘当时脸上的欣喜，我至今记忆犹新，她拿着花环亲了又亲，非常高兴地嚷："哇，真美丽呀，我太喜欢了，今天太开心了。"

我从未见孩子这样兴奋过。平日里我总责怪她看电视太多，是典型的电视迷。却没反思过，孩子对世界的热情，与父母对这世界的热情成正比。

平日里我总是忙忙碌碌，总想着等挣了钱，攒了假期，就带着孩子去各地游玩。

我过着枯燥的朝九晚五的生活，想象着未来生活的丰富，想象着孩子在旅行时的笑脸，却没想到，只不过是一只蜗牛和一朵小花就可以给孩子巨大的快乐。更不曾想，只要用心，废地也会变宝地，荒凉也蕴藏着有趣。

也许，我们要做的是，不是想象生活，而是着手生活。从发现一朵花开始，发现真正的生活；从发现一只蜗牛开始，发现一个其乐无穷的世界。

萍姐说，她最近被她妹妹骂惨了，但事后想想又觉得她妹妹骂得好，骂得太对了。

萍姐是典型的工作狂，就是那种恨不得一年三百六十五天，天天工作的人。因为工作能满足她成长的欲望。

时间对于她来说，那是分秒必争呀。走路匆匆，吃饭匆匆，睡觉其实也匆匆——秒睡，闹钟一响，秒起。绝对是个超级自律的人，也绝对是个成功的女人。

身边人都夸赞她，膜拜她，唯独她妹妹常批评她。

“一个以生活情趣换取成功的女人，不知道别人到底羡慕你什么？”

“一个没有生活的工作僵尸，那还叫活着吗！”

“一个被忙碌绑架的生活白痴，白痴才会羡慕你！”

……

萍姐的妹妹是个心灵手巧的姑娘。我看她的朋友圈，常常分享一些小而美的事物：自己动手做寿司和绿豆冰棍，用旧衣物拼接成一条桌布，摘点野花插花……

这两姐妹，真的是太不一样。

看萍姐一副气得不得了的样子，我安慰道：“你要挣钱养家，她又不需要，所以我能理解她有闲情逸致。”

但萍姐却说：“不是这样啊，她挣的钱一点儿也不比我少呢。她是个外贸SOHO，在家单干，也会有忙碌的时候，但她却懂得抽离自己，让自己走进生活。以前，她骂我我当耳边风，今天忽然全听进去了，是时候改变了。”

“如何改变？”

“喏，这是她丢给我的，她说：‘你要学会生活，从舍得为生活花时间开始。’”

我低头一看，正是那本风靡大江南北，却被我曾经认为是浪费时间的涂色绘本《秘密花园》。

看来，该改变的不只是她。

表妹花儿是设计师，工作非常繁忙，加班比较多。但即使再忙，只要下班稍微早点，她都坚持自己做饭吃。她常在朋友圈里晒厨艺与美食，父辈们看到后极为赞赏，认为她是年轻人中既会工作又会生活的榜样。

表妹的勤快有目共睹。早起去菜市场买菜的年轻人并不太多，表妹就是其中一个。只要周末不加班，她便会早早地去菜市场买菜。她说她喜欢饱含露珠的蔬菜，因为它们鲜嫩、水灵，食材本身的灵性一览无余。

她说：“还有一点，我喜欢菜市场里的烟火气，它让我切切实实地体会到，我还真情实意地生活在这个世界上。那刚刚好的人情味，让我在钢筋水泥森林里变得麻木的躯体迅速得到复苏。”

只要表妹发出邀请，我们必去蹭饭。而且每次都是吃到撑，因为她做的饭菜太好吃了，而舍不得放下碗筷。

一日饭后，我感慨道：“天才厨娘做的饭菜就是好吃，就连白米饭吃起来都有核桃的清香。”

她笑道：“这个简单，饭熟后，你在饭上点几滴初榨核桃油，就会有核桃的清香。”

人们常说，味觉的生动体验最能代表生命的丰富多彩。

表妹做的每一道菜不但精致，而且色香味俱全。她对器具非常讲究，什么碟装什么菜，什么勺配什么碟，经过她的一番精心摆弄，让生活充满了仪式感。

觥筹交错间，味蕾享受间，我似乎能看到表妹那丰富的灵魂。无怪乎长辈们对她拍手称赞，她实在是值得被称为生活家。

我们总把希望寄托于明天，而让今天活在苟且里。

我们总以为幸福是宏大的主题，而未曾想到幸福其实藏在细碎生活的微光里。

朋友也说，自从画完那本《秘密花园》，她渐渐地也舍得“虚度时光”了。在晨光下听音乐，喝酸奶，打个盹……这一切原来是这么美妙，她“虚度”了时光，而天并未因此塌下来。

岁月悠长，走着走着就倦了，活着活着就迷失了。但你若有颗懂生活爱生活的心，就会越活越有滋有味。

生活的趣味全在细节之中，无论是清晨斑驳的阳光，还是傍晚天空的火烧云，还是工作间隙里浇浇花，都是点亮生活的一种方式。

坚强：若你够坚强，命运又能把你怎么样

黄兰

几年前，我们失恋、失业后，都喜欢去找S小姐。

不是说S小姐有多么善解人意，或混得有多成功，而是她总能冷静客观地给你心灵扇个耳光。你本来就流血的脆弱的心灵，经她致命一击后奄奄一息，她说，这叫置之死地而后生。

S小姐总是在我们羡慕谁谁嫁入豪门，谁谁谁整容成功，谁谁谁靠老爹获得大发展后，游魂般飘过来，轻描淡写地说："关你什么事啊？"

是啊，别人的世界与我们无关！

郭敬明说，时针分针秒针之后的我们，只是这个世界微小的存在。韩寒说，你连世界都没观过，何来世界观？因此，我们只要过好自己的小日子就可以了。

但是，我们都是普通人，做不到波澜不惊。

我们还是会因为别人找了个好男友、别人更会投胎、别人获

得女神称号而愤愤不平。

S小姐对这些小道消息从来不感冒，她兀自野蛮生长着。只在感叹生活不易后，轻描淡写地来句：“生活的本质就是艰辛，如果你还在抱怨艰辛，说明你还没有习惯生活。”

是这样吗？

每次看到我们困惑的目光，S小姐总会特别坚定地点头。

我们是初中同学，那时，S小姐一副假小子打扮，一头短发、一身运动服，情窦初开的年纪，无人问津，只能沉浸在漫画与考题里。她学习成绩也很一般，只能上普通高中。初中毕业后，我们每隔一年见面一次。

S小姐每个阶段都在变化。

高中的时候她沉默寡言；大学的时候她时尚、活跃；上班前三年她靓丽、自我；这几年她低调、冷静。经历了一场又一场恋爱，尝试了一份又一份工作，渐渐沉静，渐渐温婉起来

再后来，想知道她的消息就得看她的朋友圈了。如果说朋友圈是一个秀场，那么，S小姐绝对算得上是低调的奢华。无数人天天晒日常生活、晒孩子、晒旅游，S小姐却总是隔几个月才更新一次朋友圈，然后，我们这帮同学都傻了眼。

一次，她云淡风轻地发了一张成绩单，业余赛车选手的成绩表。还附上了一句话：与第三名只差0.5秒。

这格调得有多高！我们都华丽丽地内伤了。

这几年，她已经在国外乐不思蜀了，据说，她利用读书之便游遍了欧洲。

S小姐其实也工作了几年，当年她执意要离开职场去考学时，我们都强烈地反对过。什么年龄就该做什么年龄的事，你一个二十八岁的大龄剩女，还去考什么学？S小姐却说："过十年再看现在的自己，傻啊，多年轻啊，怎么就那么轻易地放弃了呢？"

然后，S小姐毅然辞掉一份很有前途的工作——领导明确表示要重点培养S小姐。对于S小姐的离开，大老板十分不解，他说S小姐不务正业，S小姐说自己只是有理想。

S小姐瞒着家人去考英语。第一次的分数并不理想，只好决定考第二次，无业游民的她，瞒着家人，天天逗留在KFC等地学习，我们想想都觉得累。拼了三个月，终于啃下了英语这根硬骨头，有了游历美利坚的资格，从此，打工、上学、旅行、上学，过上了自己想要的生活。

她怎么可以这么勇敢？

S小姐回国的时候，是我去接的她。

看起来，她清瘦了许多，眉目间有些许疲倦，但是精气神很好。

我问S小姐将来的打算，她耸耸肩，表示随遇而安。然后，我小心翼翼地问起了她的感情生活。她迟疑了一会儿，道："我向来不喜欢与人倾诉感情，麻烦别人，自己处理就好了。只是你想知道，我才说。这段感情，早已翻篇，说是感情，其实也不算，顶多只是彼此有情。”

她说：“在纽约这两年，我每天只睡四个小时。生活看似辛苦，但内心是很充实的。我妈说我不能吃苦，说我恋家。我也确实恋家，曾经一周四天都在家待着。

“人确实得学着长大。

“虽然毕业于三流院校，无法找到什么好工作。但那时的我是自信的，我年轻，相貌也不错。没过多久，我就去了一家上市公司做销售。那时才发现，我只是这个团队里的花瓶。在接待或大型活动里，我只是个装点门面的人。

“其实我是不在乎的，花瓶就花瓶嘛，又不是谁都有能耐当花瓶。

“后来，我认识了一个人，很棒很优秀，我暗恋他，并且倒追他。但是他说，他真的没法喜欢不聪明、不灵光的女孩。

“我不甘心，想给他看我的聪明！于是看他看过的书；学他学习过的东西；游历他游历过的城市。周边的追求者换了一批又一批，但是，他依然不喜欢我。

“强迫症是个好习惯。

“我原来习惯了舒适的生活环境，从来不肯踏出来一步。但是因为他，我学会了独立，学会了在不舒服不自然的状态下，独自行走大江南北；学会了完成每周的读书计划；学会了与人沟通；学会了看透生活。再然后，我发现我为了他，已经四年没谈过恋爱了。

“再次相遇，是在他陪未婚妻去拿定制婚纱的时候。他看到我，淡淡地打了个招呼。我看向他旁边的女子，无法想象——胖，一脸富态，对他颐指气使，不可一世，而他却一副唯唯诺诺的样子。

“我不解，他淡淡地说：‘生活很艰辛，要实现理想，有时得走捷径。’

“那女孩的老爹，正是我曾经工作过的公司的大老板。”

S小姐说着说着笑了起来，眼角有些许鱼尾纹，不过，眼神很是清亮。

“我就是个不撞南墙不回头的小孩，对吧？荒废了这么多年的人好时光。”S小姐道。我开车看着远方：“其实，是南墙你也要去撞，因为这就是你的三观啊！”

S小姐沉默了一会儿：“是，我总是喜欢让自己处于不舒服的状态。我独自旅行，第一次尝试向陌生人寻求帮助，那时不是不怕的；我辞掉工作去学习去考试，那时不是不恐慌的，多么没有安全感啊，就这么断了自己后路；我在纽约做保姆做服务生，那时不是不觉得自己傻，可是过后我又为自己骄傲。这么多年了，我终于长成了我渴望的自己。”

你是那个撞了南墙也不回头的人，但是，世界又能把你怎么样？

是啊，如果你够坚强，命运又能把你怎么样呢？你怎么想，你就怎么做；你怎么做，你就有什么样的结果。不想要飘摇的人生，就请给自己一个沉默的坚定。